阅读成就思想……

Read to Achieve

企业的护城河

打造基业长青的竞争优势

CORPORATE MOATS

范鹏 于杰 ◎ 著

中国人民大学出版社
· 北京 ·

图书在版编目（CIP）数据

企业的护城河：打造基业长青的竞争优势／范鹏，于杰著． -- 北京：中国人民大学出版社，2023.1
　ISBN 978-7-300-31288-0

Ⅰ．①企… Ⅱ．①范… ②于… Ⅲ．①企业竞争－研究 Ⅳ．①F271.3

中国版本图书馆CIP数据核字(2022)第227832号

企业的护城河：打造基业长青的竞争优势
范鹏　于杰　著
Qiye de Huchenghe : Dazao Jiye Changqing de JingZheng Youshi

出版发行	中国人民大学出版社		
社　　址	北京中关村大街31号	邮政编码	100080
电　　话	010-62511242（总编室）	010-62511770（质管部）	
	010-82501766（邮购部）	010-62514148（门市部）	
	010-62515195（发行公司）	010-62515275（盗版举报）	
网　　址	http://www.crup.com.cn		
经　　销	新华书店		
印　　刷	天津中印联印务有限公司		
规　　格	170mm×230mm　16开本	版　次	2023年1月第1版
印　　张	14.25　插页1	印　次	2023年1月第1次印刷
字　　数	135 000	定　价	69.00元

版权所有　　侵权必究　　印装差错　　负责调换

本书赞誉

护城河是筑城之前就要考虑清楚的，而不是建完城池再去挖。企业的竞争壁垒也一样。《企业的护城河》一书通过分析诸多案例，提出了关于企业如何构筑护城河的几种思考，提醒创业者和企业家在考虑企业增长时除了要具备进攻思维，还要有提前做好防守的意识。当然，有了护城河也不是一劳永逸，对手降维攻击、跃过护城河或者护城河年久失修都是商界中的常态。在经济形势严峻的压力下，每家企业都必须不断思考如何加固护城河，如何防范同行业甚至异业的跨越式风险。

卫哲

嘉御资本创始合伙人和董事长

数字时代的"护城河"并不简单，它源于对商业生态的深度认知：我有什么核心优势？我要整合哪些合作伙伴？如何通过为客户创造独特体验来赚钱？如何形成合作反馈机制来分钱……绝大多数企业永远与"护城河"无缘，原因何在？高情商的说法是，管理者有投机心态，追涨杀跌；实际情况是，管理者认知不足，格局小了。认知的提升，从《企业的护城河》这本书开始！

穆胜

穆胜咨询创始人

北京大学光华管理学院博士后

多部畅销书的作者

宽阔的护城河是企业的长期结构性竞争优势，它意味着即使你的对手知道你成功的秘密，也始终抄不会你的作业，你可能已经拥有了基业长青的伟大基因。如果你的旧护城河已经变窄或正在瓦解，请详查《企业的护城河》这本书中提出的一明一暗、一内一外的两条护城河哪里漏水了。如果你想要开凿一条新护城河，这本书就是河面上的一束光。

颜艳春

盛景嘉成基金合伙人

山丘联康董事长

《产业互联网时代》和《第三次零售革命》作者

商业世界是一个复杂系统，其中任何的变化都充满了不确定性。正如经典物理的决定论在分析复杂系统时是无效的一样，经典概念本身也会随着环境的变化而逐渐改变其内涵，巴菲特提出的护城河概念也有其时代的印记。破除概念迷信，思考概念背后的本质与常识才是我们能够在商业世界中存活下来的唯一捷径。

欧阳良宜

北京大学汇丰商学院副院长

《企业的护城河》不拘泥于巴菲特对护城河的概念，而是创造性地从交易结构的角度出发，阐述了好企业应该同时解决价值创造和价值保护两个问题。作者重新定义了护城河，认为基业长青的企业同时需要两条护城河的守护，一里一外，一明一暗，共筑竞争的壁垒，让人耳目一新。

冯卫东

天图投资 CEO

《升级定位》作者

我们都想做一家基业长青的企业，如同历史悠久的城市需要护城河守护一样，企业也需要护城河的保护，才能真正穿越周期。《企业的护城河》的两位作者将理论与实践相结合，不仅分析了卓越企业的两条护城河及其背后价值创造和价值守护的逻辑，而且也给出了企业如何构建竞争优势的经验、模型和方法，能为创业者和企业家提供许多启示。

孙来春

林清轩创始人

在今天的中国，企业之间的竞争越来越激烈。要想在竞争中获胜，企业必须要有自己的竞争优势或护城河。目前市面上解读企业竞争优势或护城河的著作并不多，仅有的几本也多是国外翻译过来的。《企业的护城河》这本新书是国内分析企业竞争优势的少数著作之一，并有大量的国内外经典和最新实战案例，值得广大企业家和企业高管一读。

郑毓煌

清华大学经济管理学院博士生导师

企业在追求基业常青的过程中一定要建立起自己的护城河，这是确保核心业务不受竞争对手侵犯的关键。作者在《企业的护城河》一书中更是提到了要建立起经济护城河和交易护城河两大壁垒，以确保企业持续构建起竞争优势，既有理论模型，又有商业案例，发人深省。

翁怡诺

弘章投资创始合伙人

《新零售的未来》和《新品牌的未来》作者

"护城河"是投资大师巴菲特的经典概念，著名投资公司晨星对这个概念进行了研究和拓宽。后来华为公司在战略管理中将这个概念作为必谈的战略控制点。范鹏站位高远，把护城河区分为经济护城河和交易护城河，对理论和实践裨益甚多，推荐阅读。

王成

凯洛格（KeyLogic）咨询集团董事长

《战略罗盘》作者

护城河这个概念是一个"舶来品"，在这个领域，国内鲜有理论和模型。《企业的护城河》这本书不仅厘清了护城河的内涵，而且运用大量详实的案例分析了基业长青的企业如何构建自身结构性竞争优势。在数智经济时代，这对我们具有一定启发意义，值得一读。

肖利华

智行合一创始人和CEO

阿里巴巴集团前副总裁

正如历史悠久的城市都有护城河，基业长青的企业也都有自己护城河。企业要想穿越周期，既要有实现价值创造的经济护城河，也要有完成价值守护的交易护城河。《企业的护城河》这本书创造性地提出了双护城河模型，令人耳目一新。

杨光

商界集团董事长

护城河是沃伦巴菲特投资最重要的理念，也是诸多投资者与竞争战略专家试图破解的奥秘。在《企业的护城河》这本书中，作者在巴菲特经济护城河（本书称为"外护城河"）的基石上，创造性地加入商业模式中交易结构的理念，构成了"内护城河"。希望本书可以带给CEO、投资者和高管们启发。

王赛

科特勒咨询中国区合伙人

《增长五线》作者

做投资经常会关注的一个问题就是，企业的护城河是什么。《企业的护城河》这本书从企业的交易结构和利润池为切入点，创造性提出了双护城河的模型，剖析了企业从价值创造到价值保护的底层逻辑，给了我们分析企业结构性竞争优势的一个新的角度。

王茜

风险投资人

宝宝树前副总裁

护城河，似乎已经是"显学"。然而，伴随着经济快速腾飞、行业爆发和野蛮生长，企业家、投资人往往又会忘记"护城河"，不断走出护城河之外、能力圈之外，最终，在"收紧"时不得不面对种种困难和后果。当下，经济逐渐复苏、活力积蓄，有必要再重新回顾和探讨护城河。护城河并非亘古不变，企业家也需要与时俱进，为企业铺就一条常青之道。

董世敏

远川研究所所长

得到 App《光伏产业报告》主理人

投资最重要的事情之一就是识别出企业的护城河。我十分认可书中提到的观点，护城河是企业的长期结构性竞争优势，真正能实现基业长青的企业往往具有两条护城河，外护城河实现价值创造，内护城河完成收益获取，具备这种特质的卓越企业值得长期投资，值得做时间的朋友。

彭晶辉

晨瓴中国董事长

前　言

成功的企业都是相似的，失败的企业各有各的原因。纵观整个人类商业史，竞争和被淘汰都是商业常态，每年都有大量企业倒闭。据《财富》杂志报道，中国中小企业平均的存活时间只有两年半，5 年到 10 年的企业存活率大概是 7%。也就是说能生存 5 年以上的企业已经非常不容易了，大部分的企业都在 10 年之内都消失了。而那些能够穿越经济周期、实现基业长青的企业，背后都有一个共同的逻辑和秘密，那就是它们都有自己的护城河。

伟大的城市都有护城河，伟大的企业也都有护城河。护城河是企业的长期结构性竞争优势，正如城市护城河是城市的安全边际，企业的护城河也是企业的安全边际。企业的安全边际决定于交易效率，交易效率取决于交易价值和交易成本这两个因素，用公式可以表示为：交易效率 =（交易价值 - 交易成本）/ 交易价值。所以要提高交易效率，就要不断提升交易价值，同时降低交易成本。而护城河的本质就是帮助企业提升交易效率，即提升交易价值的同时，降低交易成本。正因为如此，护城河能够助力企业维持长期竞争优势、持续获取超额收益、无数次抵御竞争对手的侵袭，在一次又一次的商业竞争中立于不败之地。可口可乐、微软、苹果、贵州茅台、云南白药等企业都曾凭借着护城河摆脱绝境，实现基业长青。

然而，很多人不知道的是，穿越时间周期的伟大城市往往有两条护城河，即外护城河和内护城河。例如，北京就有两条护城河，一里一外，一明一暗，共同护卫着老北京城。正如历经风霜的都城需要两条护城河护卫，基业长青的企业也需要两条护城河的保护，一里一外，一明一暗，共筑企业的壁垒。第一条外护城河通过关键资源能力提升交易价值筑成；第二条内护城河通过与合作共生体优化交易结构、降低交易成本来实现价值保护。

而这背后的商业逻辑是什么呢？回归生意的本质，我们会发现好生意需要同时解决两个问题：价值的创造以及价值的获取和保护。价值的创造就是大家普遍理解的护城河，即通过品牌、专利技术等提升交易价值。但是，如果价值的获取和保护没有解决，即没有形成收益获取，最终的生意就很难说是好生意。因此，优秀的企业往往都会构建起内外两条护城：一手抓价值创造，一手抓收益获取，两手抓两手都要硬。一方面，发挥自身的关键资源能力提升交易价值；另一方面优化合作共生体的交易结构，从而实现交易价值的保护和获取。

本书创造性地提出了"看不见的护城河"的概念，以及交易结构是企业实现价值守护和收益获取的内护城河的理论，并深入探讨了大量优秀企业基业长青背后的秘密。

本书共分两个部分。在第一部分中，第 1 章解读了护城河的内涵，并介绍了经济护城河的四大类型九种类别，分析了有护城河企业的竞争优势和五大财务表现；第 2 章分析了护城河的商业本质，介绍了企业从价值创造到收益获取的生意逻辑，提出交易结构是企业看不见的另一条护城河；第 3 章则解读了基业长青的企业都有两条护城河的守护：第一条外护城河通过提升交易价值筑成的经济护城河，第二条内护城河通过优化交易结构来实现的交易护城河。并介绍了交易护城河的三大类型，剖析了可口可乐公司、美国西南航空公司、海底捞、上海机场、云南白药等 10 家企业通过建立两条护城河实现基业长青的案例。

在第二部分中，第 4 章和第 5 章分别介绍了发现和构建护城河的步骤，分析企业护城河变窄的原因以及加固护城河的方法，并总结了企业实现基业长青的秘密。

笔者创作此书的灵感主要来自以下几个方面。第一，在分析企业竞争优势的时候，很多人都会提到"护城河"的概念，然而他们只知道这个概念是巴菲特提出来的，并不清楚其具体内涵，还经常错误地使用。第二，目前解读这一概念的书籍也寥寥无几，仅有的几本也都是国外翻译过来的。第三，我们发现在使用经济护城河的概念分析案例时有很多不适用的地方，例如很多企业有所谓的经济护城河（如具有网络效应等），也有很高的交易价值，却因为没有能够守护价值而未能实现基业长青，最终如昙花一现。

我们在做穿越周期的优秀企业的案例研究时发现，这些企业其实不仅拥有经济护城河，而且拥有一条被人们忽视的交易护城河，同时拥有这两条护城河才是它们基业长青的秘密。本书不仅从生意的本质分析了企业护城河的含义，系统性地介绍了护城河的类型，而且在经济护城河的基础上创新地提出了"看不见的护城河"的概念。我们通过分析大量优秀企业的案例介绍了企业发现和构建护城河的方法，分析了企业如何通过打造竞争优势来实现基业长青。我们希望本书能从我国企业的实际情况出发，在全球研究企业护城河的领域发出中国的声音。

当然，写书总是一件遗憾的事情，我们总觉得有不完美之处。如果您发现有不妥之处，敬请反馈和指正。

目 录

第一部分　企业的护城河

第 1 章　企业的经济护城河　｜　3

护城河的前生今世　｜　3

巴菲特和他的护城河理论　｜　4

经济护城河的四种类型　｜　5

　　无形资产护城河　｜　5

　　转换成本护城河　｜　8

　　网络效应护城河　｜　8

　　成本优势护城河　｜　10

经济护城河的作用　｜　12

经济护城河对企业的影响　｜　13

企业拥有护城河的优势　｜　13

第 2 章　企业的交易护城河 | 29

交易价值、交易成本和交易效率 | 29

交易价值 | 29

交易成本 | 32

交易效率不同的四类企业 | 32

生意的本质 | 34

重新理解企业的护城河 | 36

第 3 章　成功企业的两条护城河 | 39

成功企业需要两条护城河 | 39

【案例 1】可口可乐公司的两条护城河 | 41

【案例 2】交易护城河：美国西南航空公司持续 45 年盈利的秘密 | 49

成本结构 | 58

【案例 3】成本结构：海底捞的第二条护城河 | 58

【案例 4】三只松鼠深挖的护城河 | 71

【案例 5】牧原股份：养猪背后的金融秘密 | 81

渠道结构 | 93

【案例 6】中国国旅的护城河守卫战 | 93

【案例 7】渠道结构：格力电器的护城河 | 105

业务结构 | 120

【案例 8】业务结构助力上海机场实现盈利奇迹 | 120

【案例 9】云南白药：打造增长的第二引擎 | 129

【案例10】九毛九：交易结构背后的盈利逻辑 | 139

第二部分　如何发现和构筑企业的护城河

第4章　影响企业护城河变化的关键因素 | 153

　　判断企业是否有护城河的三个步骤 | 153

　　哪些因素可能导致护城河发生变化 | 156

　　经济护城河为何会变窄 | 158

　　　无形资产护城河变窄 | 158

　　　转换成本护城河为何会变窄 | 159

　　　网络效应护城河为何会变窄 | 161

　　　成本优势护城河为何会变窄 | 162

第5章　巩固企业的护城河 | 163

　　如何维护和修复经济护城河 | 163

　　如何巩固交易护城河 | 174

　　　【案例1】乐视的护城河 | 182

　　　【案例2】汇源果汁的交易护城河 | 194

后记　企业基业长青的秘密 | 209

第一部分

企业的护城河

第1章

企业的经济护城河

护城河的前生今世

伟大的城市都有护城河。护城河是古时由人工挖凿的,环绕整座城、皇宫、寺院等主要建筑的河,可以作为城墙的屏障。护城河具有防御作用,一方面,它可以保障城内的安全;另一方面,它可以阻止攻城者或动物的进入。这是古人在防御手段上对水的妙用。世界各国的大城市在古代都开凿了护城河,如中国的北京、西安、南京、荆州、济南、襄阳,日本的松本城、皇居等古城,以及欧洲各国的城堡及皇宫等地也都建有护城河。正是有了护城河,这些地方才得以更好地抵御敌人的入侵,适合人们生活和居住。襄阳护城河是亚洲最宽的护城河。据史料记载,早在宋代,它的平均宽度就超过了180米,最宽处达到250多米,也难怪郭靖可以守住襄阳城20多年。

巴菲特和他的护城河理论

伟大的企业也都有护城河。护城河是沃伦·巴菲特的投资哲学中重要的理念之一，他在 1993 年致股东的信中首次提出了"护城河"的概念。他在信中写道："最近几年，可口可乐和吉列剃须刀在全球的市场份额实际上还在增加，它们的品牌威力、产品特性和销售能力赋予其一种巨大的竞争优势，在它们的经济堡垒周围形成了一条护城河。"1995 年，他在伯克希尔·哈撒韦公司的年会上对"护城河"做出了更详细的解释："很深、很危险的护城河围绕着一座美丽的城堡。城堡的主人是一个诚实而高贵的人。城堡最重要的力量源泉是主人天才的大脑。护城河永久充当着那些试图袭击城堡的敌人的障碍。城堡的主人制造黄金，但并不都据为己有。"

2000 年，巴菲特在伯克希尔·哈撒韦公司的年会上再次强调："我们以加宽护城河的能力以及不可攻击性作为判断一家伟大企业的主要标准。"他再次强调，企业的结构性竞争优势就是该企业的"经济护城河"，它是保护企业免遭入侵的无形壕沟。优秀的企业一般都有很深的护城河，这些护城河不断加宽，为企业提供长久的保护。他多次描述了他最理想的投资企业就是拥有足够宽、足够深、不容易被跨越护城河的企业。这个投资理念对伯克希尔·哈撒韦公司具有"塑造式"的影响，也是该公司的市值从 1000 万美元增至 1350 亿美元的重要理论基础，并创造了 290 500 美元 / 股的世界最贵股票的奇迹。

巴菲特的护城河理论全面揭开了企业持续盈利的底层终极源泉，对投资者和创业者产生了巨大价值。对投资者而言，没有护城河的企业是毫无投资价值的海市蜃楼；对创业者而言，没有护城河的存在，创业致富无非昙花一现的激情梦想。

经济护城河的四种类型

关于"经济护城河",有些人认为它指的是技术研发优势,有些人认为它指的是渠道优势,有些人认为它指的是低成本优势,有些人认为它指的是品牌优势,人们对此的争论从未停止。美国晨星公司证券分析部主管帕特·多尔西(Pat Dorsey)在其《巴菲特的护城河》一书中提出,经济护城河有四种:无形资产护城河、转换成本护城河、网络经济护城河和成本优势护城河。

无形资产护城河

无形资产包括品牌资产、专利技术和政府授权牌照。它们的作用在本质上是一样的,就是让企业在竞争中拥有结构性的竞争优势。需要注意的是,企业有了无形资产护城河并不意味着就可以高枕无忧,品牌可能会衰败,专利会过期或被新技术取代,政府特许牌照可能会因为政策的变化而消失,所以需要持续地加固这条护城河。

1. 品牌资产

品牌不仅仅指的是一种标识,更是一种感受。例如,很多年轻人都喜欢用苹果的产品,因为这些产品带给他们一种潮流、独具一格的感觉;在宴请亲朋好友时,茅台酒可能是你最佳的选择。品牌资产建立起的优势是难以撼动的。而品牌资产的价值主要表现在以下两个方面。

第一，品牌溢价能力，也就是看消费者愿不愿意为产品支付更高的价格。拥有品牌资产能使企业具有定价能力，并获得可持续的经济利润。星巴克就是一个很好的例子。咖啡原本是全球互通的商品，具有很高的可替代性，且价格完全透明，但星巴克的顾客仍愿意为一杯带有绿色美人鱼商标的咖啡额外多付一些钱，这主要得益于星巴克对咖啡质量的高要求以及它为顾客创造的美好的消费体验。

第二，品牌搜索能力。例如，很多企业的产品都是标准化产品，与同行的产品差异化不明显。如果产品价格太高，消费者可能就会转而使用其他替代产品，但如果企业品牌深入人心，人们在面对琳琅满目的同类产品时可能就会毫不犹豫选择该品牌，这说明企业具有品牌搜索能力，如饮料行业的可口可乐、乳制品行业的伊利，以及调料行业的恒顺和海天等。因此，具有品牌资产的企业一方面具有定价权，即它们能够提高产品的价格却不会影响销售，或当它们定完价后，其他竞争对手只能选择跟随；另一方面它们具有搜索引力，即消费者在面对众多产品时可能会在第一时间毫不犹豫地选择它们。

那么，为什么投资者都强调要投资那些具有品牌护城河的企业呢？一是因为企业既然有品牌，就证明其生产的产品是受消费者欢迎的，且业绩大概率会持续稳定增长；二是因为只要价格不太高，且估值在合理区间，发生黑天鹅事件的概率就比较小，安全边际有保证；三是因为品牌护城河是企业实现基业长青的有效保障之一，这一点更重要。可口可乐公司前总裁罗伯特·伍德拉夫（Robert Woodruff）曾说："即使可口可乐公司把所有家底都赔光，只剩下'可口可乐'这个品牌，我们也可以东山再起。"

2. 专利技术

第二种无形资产是专利技术。如果企业拥有别人无法复制的技术优势，它就可以在市场中获得竞争优势。例如，片仔癀在市场上一药难求，很多企业都对其配方垂涎三尺，却无法研究出其配制方法。需要注意的是，企业如果仅有一项专利优势，可能就很容易被同行替代，要想真正将专利技术作为护城河，企业就需要有更多的专利。如果一家企业的产品拥有专利技术，市场上也不存在真正的替代品，那么它也将享有持续的定价能力。美国 iRobot 公司的全自动吸尘器的销售额达到 60 亿美元后，可以说该公司在家用机器人领域几乎没有真正意义上的竞争对手。

但是，通过专利技术获得的竞争优势往往没有人们想象的持久，主要有以下两个原因：（1）由于专利权是有期限的，一旦到期，竞争对手可能就会接踵而至；（2）专利技术可能会受到挑战，产品的利润越高，人们越想破解其所应用的专利技术。

大多数医药公司和科技企业都拥有专利技术护城河。例如，很多新药在研发出来后，在一定时间内只能由研发该药的企业销售；同样，一些新技术只能被率先研发出它且拥有专利权的企业使用。

3. 政府授权牌照

第三种无形资产是政府授权牌照。某些行业是必须经过国家政府批准才可以进入的行业，而政府也只授权一家或几家企业在行业中经营，如交易所、食盐、烟草、电力和电信等行业。

转换成本护城河

转换成本是指当消费者从一个产品或服务的提供者转向另一个提供者时所产生的一次性成本。如果顾客从一家企业转向另一家企业，可能会损失大量的时间、精力、金钱和关系，那么即使他们对企业的服务不是完全满意，也会三思而行。所谓的"用户黏性""用户忠诚度"指的都是转换成本。金融、软件、医药、航空等行业中的企业比较容易构建起转换成本护城河，而零售、餐饮、服务等行业中的企业不易构建转换成本护城河，因为消费者几乎可以无成本转换。例如，银行的转换成本护城河建立在大部分客户可能不会频繁更换账户，甚至终生都不会更换账户的基础之上，原因可能是重新开户不仅仅要重新填写资料，还有很多关联账户都需要更新；而在餐饮行业中，一家餐厅再好吃，也不可能让顾客每次在外就餐都选择它，更换不同的餐厅非但没什么代价，还可能带来新奇的体验，所以餐厅很难构建起转换成本护城河。

有这样一个公式：用户更换产品的动力 =（新产品价值 – 旧产品价值）– 转换成本。"新产品价值 – 原产品价值"就是"受到的诱惑"，转换成本就是"背叛的代价"，而用户之所以更换产品，就是因为受到的诱惑大于背叛的代价。

网络效应护城河

网络效应指人们会因为聚集效应而一起加入某个网络，从而形成人越多、网络效应越大的良性循环。简单地说就是别人都在用某款软件，我也必须用；我如果不用，就没有办法正常生活、工作或沟通。

对平台企业而言，由于互联网的聚集效应，用户越多、越来越离不开它们，它们的护城河就越宽。网络效应有一种循环强化的作用，会使强大的公司变得更加强大，这对互联网公司尤为适用。

梅特卡夫定律（Metcalfe's law）告诉我们，一个网络的价值与联网的用户数的平方成正比，即网络价值以用户数量的平方的速度增长。如图 1–1 所示，随着用户数量的增加，网络效应带来的价值将呈指数级增长，而成本是呈线性增长的，企业在用户积累阶段需要持续投入资金来获取用户，但是在超过临界点时，价值就会超过成本，而且增长得越来越快。

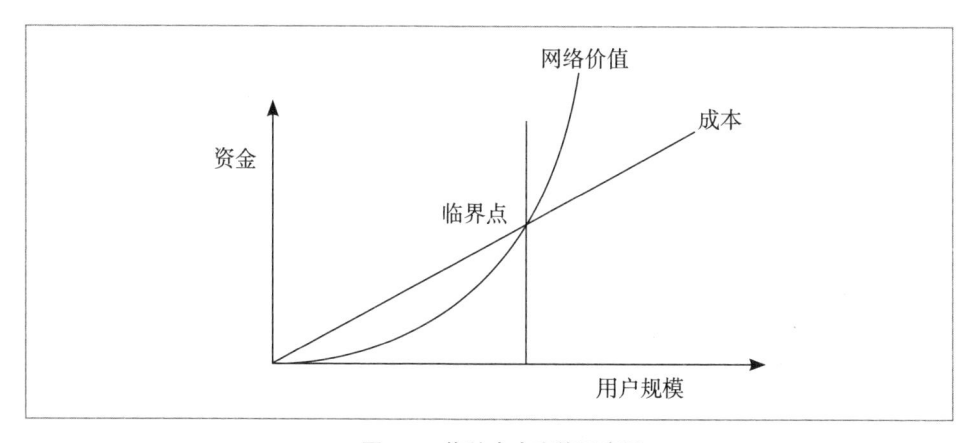

图 1–1　梅特卡夫定律示意图

对互联网公司而言，随着用户人数的增加，它们的商品或服务的价值也在提高，因此它们更容易形成自然垄断和寡头垄断。PayPal 就是一家受益于网络效应的公司。要想实现人与人之间的转账和支付，就需要很多用户，这个网络才成立。每进来一个用户，整个支付网络的价值本身就会提高，所以 PayPal 在创业初期补贴用户以及使用各种"增长黑客"的方法来获取新用户，都是基于尽快创建网络效应的理念。

网络效应是一种异常强大的竞争优势。它并不是不可超越，但在绝大多数情况下，竞争对手只能望而却步。另外，以信息共享或与用户建立联系为基础的企业更容易创建这种护城河，而那些从事有形商品交易的企业却很难体验这种效应。

成本优势护城河

如果企业有能力以更低的成本提供产品或服务，那么它就拥有成本优势。通常，规模效应、流程优势、地理优势和资源优势可以使企业具有成本优势。

1. 规模效应

成本通常包括固定成本和变动成本。固定成本占比很大的企业可以用规模优势挖出护城河。例如，小明有一家奶茶店，其固定成本是机器和装修费用 1 000 000 元，变动成本是每杯奶茶的原材料价格 2 元；每杯奶茶的定价是 12 元。那么，他需要做到多大规模才能收回固定成本呢？1 000 000/（12元–2元）=100 000 杯。由于整条街只有小明一家奶茶店，因此他用半年时间卖了 100 000 杯，收回了全部的固定成本。如果街上开了 10 家奶茶店呢？这样收回固定成本的期限就延长了 10 倍，变为 5 年。竞争对手的加入将使利润大大降低，小明该怎么办？他可以在潜在竞争对手没进入前立刻降价，如从 12 元降至 7 元。这样，如果真有 10 家竞争对手要进场，因为毛利减半，它们的固定成本投资回收期限就会从 5 年提高至 10 年。承担 10 年的亏损才能赚钱，大部分人都会选择放弃。小明因最早进入市场而获得了销售规模，从而挖出了一条属于自己的护城河。

2. 流程优势

福特汽车的流水线生产方式使每个岗位的工作流程化、标准化、通用化，大大降低了生产成本；PC时代的戴尔公司优化了流程，直接向用户销售产品；小米公司通过大量采购电池尾货，改变了充电宝的生产流程；名创优品采用"短路经济"，由品牌商直接供货给零售店，改善了供应链流程……这些都是通过流程优势获得了成本优势的例子。

流程优势看上去似乎可以复制，但其实很难，因为它建立在强大的管理能力和运营能力的基础之上。但需要注意的是，优化后的流程一旦被竞争对手复制，企业就很容易被超越。

3. 地理优势

生产那些价格便宜却较难运输、运输成本高的产品（如啤酒）的企业通过地理优势建立起的成本优势很难被打破。类似的企业还有垃圾运输、采石、矿产等行业的企业，它们有着天然的护城河。所以一般情况下，原材料生产企业的选址要么接近原料，要么接近能源，要么接近客户。例如水泥生产企业会面临运输半径（陆路为300千米，水路为500千米）的问题，所以这些企业的区域化程度很高，因为除了生产成本外，很重要的就是运输成本；我国的宝钢集团或韩国的浦项制铁，虽然它们附近没有煤矿或铁矿资源，但它们接近庞大的汽车制造和造船业，而且身处海港，区位优势明显；没有一滴原油的新加坡，却能成为世界第三大炼油中心、世界石油贸易枢纽和亚洲石油产品定价中心，原因就是它靠近马六甲海峡，并拥有新加坡港。

4. 资源优势

例如，对加拿大的工业盐企业而言，它们有世界上规模和产量都最大的工业盐矿，可以供应世界上 95% 的工业盐使用，所以独特的资源赋予了这些企业竞争优势。

上述这些优势最终都会转化为成本优势，成为企业的护城河。

经济护城河的作用

经济护城河是企业长期的结构性竞争优势，使企业具有三方面"反脆弱"的能力。

第一，提高企业的安全边际。经济护城河的作用是防御而不是进攻，它是企业的第一道防线，守护着企业的市场份额不受竞争对手的侵蚀，也让企业有更高的安全边际。城池的护城河越深越宽，它保护的城池就越安全；企业的经济护城河越宽越深，企业的防御能力就越强，投资价值就越大。

第二，确保长期主义的价值。伟大的企业不仅有能力抵御竞争，而且有能力在未来很长时期维持高的资本回报率、向股东回报现金、内在价值实现长期复合式增长。企业的价值就是其未来现金流的折现值，有护城河的企业就有一条持续流入的现金流。只有在更长的时间维度上，市场才能识别出那些伟大的公司。这意味着护城河宽广的企业在时间的洗礼下会更加耀眼夺目。

第三，企业基业长青的基础。企业实现长期存续的基础是用户、产品和服务的市场份额，以及持续增长的回报和利润，经济护城河能够牢牢地保护它们。经济护城河有多宽，企业的结构性竞争优势就有多大，企业就越有可能实现长期和可持续发展。

经济护城河对企业的影响

有经济护城河的企业必定能够实现长期和可持续发展，也就是我们常说的基业长期。先来说"长期"。一家企业如果想长期发展，那么它就需要忠诚且数量庞大的客户群体。关于忠实，客户的忠实要么是发自内心的喜欢该企业的产品，要么是不得不使用该企业的产品，如需更换，就需要付出高昂的转换成本。关于数量庞大，客户数量是企业长期发展的基石，企业拥有越多的客户就越能增加价值，而网络经济使企业能形成自然垄断或寡头垄断，这就可以保证客户数量。再看"持续"，企业想要持续经营，就必须在所在行业中保持对手无法模仿或复制的优势（如专利权、商标权、地理资源优势和规模优势等），以获得持续的竞争力。

企业拥有护城河的优势

伟大的企业都拥有宽广的护城河。这些企业有能力在较长的时间内抵御竞争对手、维持较高的资本回报率，这使得它们比那些没有护城河的企业更有投资价值。资本的本质是永无止境地寻找能带来更高回报的财富天堂，也就是说只要一个行业有利可图，资本就会争相涌入，而如果行业内的企业没有护城河，它们最终就只能获得平庸的收益。对投资者而言，如果你选择的企业有护城河，就相当于你拥有了能够在未来若干年内不会受竞争对手影响的现金流，并可以持续获得较高的投资回报率。

有护城河的企业的优势一般表现在以下三个方面。

1. 定价权。定价决定了利润，掌握定价权是企业最大的竞争优势之一。有护城河的企业往往都拥有一定的定价权。如果你有能力提高价格，而又不会被竞争对手抢走生意，你就有了一个非常好的生意。有了好生意，企业就有了足够的利润，这样才会有更多的费用用于研发、提升经营效率以及为经销商和渠道商等合作伙伴创造更多的价值，并与它们构建起长期稳固的合作关系。对企业而言，掌握定价权不仅是行业地位的象征，更是实现利润增长最有效的方法。

巴菲特曾说："当我寻找要投资的标的公司时，我会寻找那些我认为能够长期保持高盈利水平的公司。一家公司能够做到这一点的关键在于，它有能力在成本和与需求方议价之间保持一致的价差。虽然成本往往难以控制，但拥有定价权的公司可以根据需要不断提高价格，以保持对自身成本的分摊，从而维持强劲的利润。"巴菲特将1972年他购买喜诗糖果（See's Candies）公司的交易归功于定价权，该公司展示了其与客户之间建立无缝联结的价值。很多投资者都视巴菲特的上述观点为秘籍，将定价权作为他们在做出投资决策时的一个关键属性。在喜诗糖果公司的案例中，该公司可以提高价格，因为客户喜欢它们的产品，而且尽管市场上还有其他食品制造商生产的竞争产品，但没有一家的产品能与喜诗糖果公司的产品抗衡。一盒糖果的价格是13.99美元还是14.49美元或14.99美元对客户而言并没有多大影响。这源于这样一个事实：客户喜欢喜诗公司的糖果。

2017年，苹果公司决定以创纪录的999美元高价出售新款iPhone X 就是展现其定价能力的一个例子。苹果公司一直将关注点聚焦于"取悦"它们的客户，这种聚焦是其定价能力的源泉。市场营销专家曾写道，苹果之所以能够继续取得巨大成功，主要是因为它聚焦客户体验。但巴菲特从未将取悦客户的定价权与客户在别无选择的情况下任由公司抬高定价权区分开来。假设你住在沙漠中，并拥有一口淡水井，而这口井是沙漠中唯一的一口淡水井，于是你就有了一个很好的生意——卖水给你的邻居。事实上，在没有竞争对手的情况下，你完全可以在需求不减少的情况下提高价格，也就是说，即使你每年抬高50%的价格，你的邻居也会来找你，尽管他们对你的行为感到愤怒。这种定价权来源的问题在于，它附带了表外负债。这是一种"负面善意"，在每次涨价时都会增加。虽然在一段时间内你可能持续获得利润，但总有一天，客户会开始反抗。虽然高定价使企业看起来具有竞争优势，但实际上，超额回报是通过增加未来某个时候成功发起竞争攻击的可能性而产生的。当企业不顾客户的愤怒通过提价来剥削客户时，它们正在将其经济护城河抵押出去，而且总有一天，"抵押贷款"会到期。

另一方面，那些通过与客户保持芒格所说的"无缝信任网"而获得定价权的公司，可以在很多年内赚取巨额利润。很多公司可以通过以合理的价格提供好的产品或服务，使自己成为稳健的、具有竞争优势和合理定价能力的公司。特别是如果价格相对于客户总体成本结构很低，那么一家提供可靠性、易用性，并且能够带给客户良好体验的公司就可以开辟出一条可持续发展的之路。遗憾的是，很多公司错误地将它们在短期内利用客户的能力视为长期竞争优势。这些公司似乎拥有巴菲特的定价权"圣杯"，但这种权力同时伴随着潜在的"债务",而债务总是要偿还的。

有时候,一家公司对其有价值的产品定最高价格很难与利用性定价区分开来。关键是企业不要退缩,不要对什么是"正确的"定价做出道德判断,而是要关注客户的感受。商业最本质的特征是竞争,有经济护城河的企业不会惧怕竞争,或者说它们在一定时期内、特定商业模式的环境下不惧怕竞争。

2. 用户价值最大化。用户价值最大化是通过"单客经济"来实现的。单客经济就是利用移动互联网,与消费者建立直接、高频的互动,从而促进消费者重复购买,最大限度地发挥用户的终生价值。用户终生价值指的是每个购买者在未来可能为企业带来的收益总和,体现为公司在特定时间段从一定数量新获取的客户或现有客户身上获得的未来利润贡献的净现值。计算用户终生价值的简单公式是:

$$用户终生价值 = 客户交易额的平均值 \times 每年的交易数量 \times 公司预计维持客户的年数$$

例如,如果某个卫星电视服务的用户每月交费30美元,年交12个月,而且公司预计可以维持该客户5年,那么该公司的终生收入为30×12×5=1800美元。

以一个小店为例。在计算这家小店的销售额时,可以使用以下公式:

$$销售额 = 流量 \times 转化率 \times 客单价$$

其中,流量是一段时间内的顾客人数(一个人多次光顾算一个流量);转化率是指实际达成交易的顾客和到达该店的顾客人数之比;客单价是指在一定时期内每位顾客消费的平均价格，离开了"一定时期"这个范围，"客单价"是没有任何意义的。事实上，提高已有顾客重复购买的频次比转化一个新顾客容易得多，所以客户的黏性很重要。

客户重复购买是很多企业追求的目标。有护城河的企业在获取客户之后，往往很容易长期地留住这些客户，使他们的价值实现最大化。这些企业能够将一位客户作为一个单客体，更大限度地挖掘"人"的价值，围绕"人"的需求和行为建立生意场景。

单客经济就是培养长期忠诚回头客，用回头客保证业绩提升。研究表明，维护一个客户的成本只占开发一个新客户成本的1/6。在护城河对企业用户池的保护下，单客经济往往会带来以下三种价值：（1）复购，不论线上还是线下，企业都不应让来之不易的流量变成一次性购买；（2）关联消费，企业可以根据客户的消费半径来扩大经营品类，提高单个客户能产生的交易额；（3）社交裂变，单个客户在社交环境里可以带来更多新客户。

以具有较高转换成本护城河的企业为例，这些企业对用户终生价值的挖掘往往能够实现客户的价值最大化。例如，具有明显网络效应的电商平台在一开始往往会通过补贴来获取用户，只要实现有效留存就能够实现用户价值最大化。

3. 优质稳健的财务表现。有护城河的企业在财务上也会有优质的表现，简单地说就是能够长期、持续、稳定地赚钱。具体体现在以下几个财务指标上。

第一，充沛的现金流，尤其是经营活动现金流，它是真金白银，而不是账面利润。按照变现的便利性排列，最容易变现的就是货币资金。现金才是实实在在的钱，看得见、摸得着。众所周知，很多企业的倒闭都是因为资金链断裂，因此强大的货币资金支撑是企业实力的体现。

我们主要通过现金流量表来观察企业的现金流。现金流量表是反映企业在一定会计期间内现金及其等价物流入和流出的报表。我们可以通过它了解企业在日常经营中得到或付出现金的情况、在投资过程中现金的使用和收益情况，还能了解企业从外部筹集资金的情况以及筹集成本和偿还现金的情况。总而言之，我们可以从现金流量表中看出现金从哪里来，又去往何处了。

现金流量主要包括经营活动、投资活动和筹资活动产生的现金流量。

经营活动产生的现金流量包括：（1）销售商品、提供劳务收到的现金；（2）收到的税费返还；（3）收到其他与经营活动有关的现金；（4）购买商品、接受劳务支出的现金；（5）支付给职工以及为职工支付的现金；（6）支付的各项税费；（7）支付与其他经营活动有关的现金。

投资活动产生的现金流量包括：（1）收回投资的现金；（2）取得投资收益的现金；（3）处置固定资产、无形资产和其他长期资产而收回的现金净额；（4）处置子公司及其他营业单位收到的现金净额；（5）收到其他与投资活动有关的现金；（6）购建固定资产、无形资产和其他长期资产支付的现金；（7）投资支付的现金；（8）取得子公司及其他营业单位支付的现金净额；（10）支付其他与投资活动有关的现金。

筹资活动产生的现金流量包括：（1）吸收投资收到的现金；（2）取得借款收到的现金；（3）收到其他与筹资活动有关的现金；（4）偿还债务支付的

现金;(5)分配股利、利润和偿付利息支付的现金;(6)支付其他与筹资活动有关的现金。

在上述三类现金流中,经营活动产生的现金流更具观察意义。经营活动产生的现金流越多越好,因为这意味着企业有比较好的盈利能力,同时能够形成对上下游供应商账款的占用,从而减少自身需要的现金流。例如,格力电器就是一家现金流非常充沛的企业,如表1-1所示。

表 1-1　　　　　　　　格力电器 2014—2019 年的现金流

(单位:亿元)

年份	货币现金	经营活动产生的现金流
2014 年	545.46	189.39
2015 年	888.2	443.78
2016 年	957.54	148.6
2017 年	996.11	163.38
2018 年	1130.79	269.41
2019 年	1254.00	278.94

数据来源:格力电器 2015—2019 年的财务报表。

第二,长期的、高于同业的毛利率。 毛利率反映的是企业在直接生产过程中的获利能力,它能较为直观地反映出企业的核心竞争力、经营状况和成长性等。一般情况下,毛利率越高说明企业的盈利能力越高,控制成本的能力越强。这样的企业一定有其他企业不及的过人之处。毛利率的计算公式如下所示。

$$毛利率 = \frac{毛利}{营业收入} \times 100\% = \frac{(营业收入 - 营业成本)}{营业收入} \times 100\%$$

毛利率的变化只受两个因素影响,即收入与成本。收入的变化由商品或服务的价格变化体现；成本的变化由原材料、人工成本、生产成本的变化体现。一般来说，毛利率分析更适用于传统制造业，而且分析时不能只看毛利率，应结合应收/存货周转率来判断企业的产品销售状况及其市场竞争力。

以农业板块龙头公司牧原股份公司为例。牧原股份公司的毛利率常年维持在20%以上，远高于行业11%的水平（如图1-2所示）。一方面，这是因为牧原股份公司自行研发了一套自动化饲喂系统，实现了为生猪提供洁净、舒适、健康的生长环境以及提高生产效率的目的；另一方面，更重要的是由于公司在土地、原材料和技术三个方面都构建起了护城河，能够为公司提供持续的资金支持，使公司较其同行有明显的成本优势。

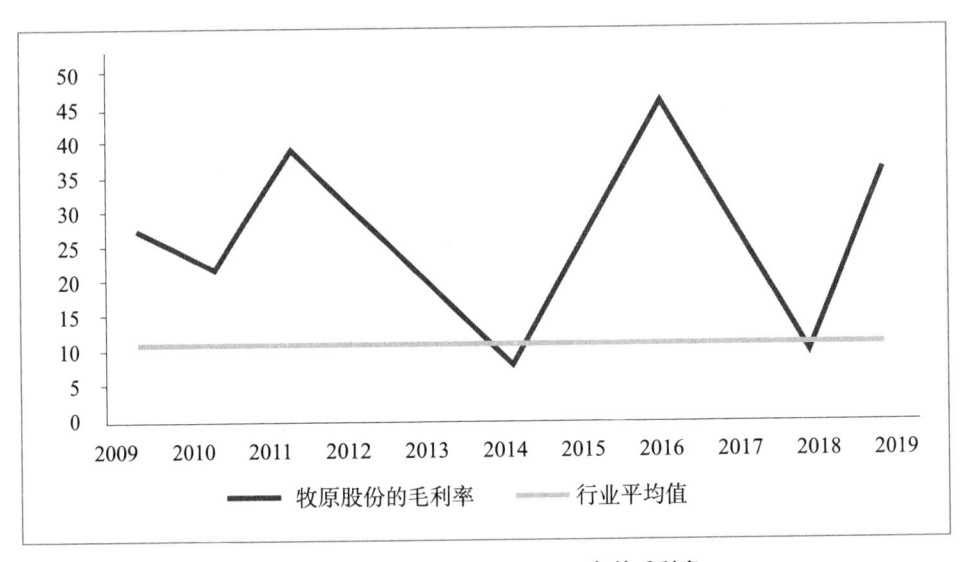

图 1-2　牧原股份 2009—2019 年的毛利率

数据来源：牧原股份 2009—2019 年的财务报表。

来自英国的帝亚吉欧（Diageo）是全球最大的洋酒公司，占据了全球 30% 以上的洋酒市场份额。它拥有世界第一的伏特加、世界第一和第二的苏格兰威士忌、世界第一的利口酒、世界第二的朗姆酒、世界第一的黑啤酒等品牌，是在纽约和伦敦交易所同时上市的世界500强公司，那我国的贵州茅台的市值为何能逆袭它呢？原因在于贵州茅台公司的毛利率近年来均维持在90%以上，而帝亚吉欧的毛利率要比茅台低得多。正是由于超高的毛利率让贵州茅台在营业利润和净利润上并没有输给帝亚吉欧太多，这与飞天茅台连续几次上调售价、扩产和增销有关，也是贵州茅台实行高品牌战略的成果，更是其具有宽广护城河的表现。

第三，长期持续的高净资产收益率。净资产收益率（ROE）是巴菲特最关注的财务指标之一，它反映的是企业在所赚得的每一美元利润背后投入了多少股东资金。巴菲特曾在致股东信中写道："我们不认为应该对每股盈余过于关注，虽然这一年我们可运用的资金又增加了不少，但运用的绩效却反而不如前一个年度。即便是利率固定的定期存款账户，只要摆着不动，将分得的利息滚入本金，每年的盈余还是能达到稳定成长的效果。一个静止不动的时钟，只要不注意，它看起来也像是运作正常的时钟。所以我们判断一家公司经营好坏的主要依据是其股东权益报酬率（排除不当的财务杠杆或会计做账），而不是每股盈余的成长与否。"

市场是高度竞争的，资本无时无刻不在逐利，任何"超额收益"都会被竞争对手一点一点腐蚀，被不断进入的资本一点一点拉回至平庸的回报。按理说，所有行业的资产回报率都应该是一样的。例如，A行业的资产回报率为10%，B行业的资产回报率为6%，那么逐利的资本就会从B行业流向A行业，从而拉低A行业的资本回报率，也被动地抬高了B行业的资本回报率，如此循环往复，直至将所有行业的资产回报率拉至同一水平，使其成为一个常数 N。那为什么很多公司一直会有"超额收益"呢？护城河的概念很好地解释了这一现象。

举个例子。假设你投资了一家餐厅，刚开始时没什么起色，只能达到餐饮行业的一般水准（假设一般水准的资产回报率为 10%），投资 100 万元每年可获收益 10 万元。但通过你的各种努力，餐厅业绩提升了，利润涨至每年 18 万元（资产回报率变为 18%）。那么，为什么行业一般的资产回报率为 10%，你的餐厅却能达到 18% 呢？原因有很多，可能是因为你的菜品有独特的配方，味道比别家好吃（无形资产）；可能是因为你管理有方，成本比别家低（成本优势）等，这些就是你的餐厅的护城河。对一般餐厅（ROE=10%）而言，要想使净利润达到每年 18 万元，就必须投入 180 万元的资本；而你只投入了 100 万元就能产生 18 万元的净利润，这就意味着餐厅的护城河的价值为 80 万元的资本！

护城河是有价值的，它与厂房、机器和库存一样，都是企业价值的一部分。我们如果将护城河价值套入净利润公式，就得到公式 A：

$$净利润 = (净资产 + 护城河价值) \times 行业一般的资产回报率常数 N$$

我们知道另一个公式 B：

$$净利润 = 净资产 \times ROE$$

将两个公式联立可得：

$$护城河价值 = (ROE/N - 1) \times 净资产$$

由此可知，护城河价值与净资产收益率成正比，高 ROE 意味着企业具有强大的护城河。

杜邦分析法的基本思想是将企业净资产收益率逐级分解为多项财务比率乘积，这有助于深入分析比较企业的经营业绩。主要使用权益净利率、资产净利率（取决于销售净利率和总资产周转率）和权益乘数这三个指标。以中国国旅为例。在逐步剥离旅行社业务后，中国国旅充分发挥牌照垄断（外部护城河）以及与渠道绑定（内部护城河）的作用，在近10年中不断地通过提升销售净利率，将其ROE从低谷时期的10%提升至近年的20%，如图1-3所示。

图1-3 中国国旅2009—2019年的净资产收益率

数据来源：中国国旅2009—2019年的财务报表。

不仅是中国国旅，我们发现大量有护城河企业（包括巴菲特长期持有的可口可乐和西南航空等）都有着十分优质的净资产收益率，如表1-2所示。

表1-2 格力电器、贵州茅台等企业2009—2019年的净资产收益率

年份	格力电器	贵州茅台	云南白药	可口可乐	西南航空
2009年	33.48%	33.55%	17.98%	30.15%	1.90%
2010年	36.51%	30.91%	23.07%	42.32%	7.85%
2011年	34.00%	40.39%	24.29%	27.37%	2.71%
2012年	31.38%	45.00%	25.16%	28.00%	6.07%
2013年	35.77%	39.43%	28.94%	26.03%	10.52%
2014年	35.23%	31.96%	24.86%	22.36%	16.10%
2015年	27.31%	26.23%	22.43%	26.31%	30.86%
2016年	30.41%	24.44%	20.03%	26.85%	28.41%
2017年	37.44%	32.95%	18.55%	6.22%	36.97%
2018年	33.36%	34.46%	17.37%	37.79%	25.29%
2019年	24.52%	33.12%	14.50%	49.61%	23.37%
平均	32.67%	33.86%	21.56%	29.36%	17.28%

数据来源：格力电器、贵州茅台、云南白药、可口可乐、西南航空2009—2019年的财务报表。

第四，长期稳定的业务增长。长期稳定的业务增长重点体现在营业收入上。营业收入是指在一定时期内，企业销售商品或提供劳务所获得的货币收入，由主营业务收入和其他业务收入两部分组成，计算公式如下：

$$营业收入 = 主营业务收入 + 其他业务收入$$

主营业务收入在企业收入中所占的比重较大，是指企业经常性的、主要业务所产生的收入，如销售产品的收入、提供服务的收入。其他业务收入在企业收入中所占的比重较小，是指除主营业务收入之外的其他业务收入，如材料销售、废旧物资销售、下脚料销售等其他业务收入。

一般谈及营业收入，人们普遍都会更加关注增长情况。需求增长、份额扩大、单价提升会导致企业营业收入的增长。需求增长大多数时候都是行业集体的行为，此时，企业之间的竞争并不是特别激烈，同时，增长的天花板相对较高。份额扩大往往是企业通过与竞争对手对抗而获得的结果，这个天花板通常比较低，因为付出的代价往往很大。单价提升是因为顾客本身的消费替代性比较弱，所以企业才能够通过单价提升来增加营业收入，如果替代性比较强，则可能会出现顾客减少消费或转向竞争品的结果。营业收入持续的高增长是比较少见的，这需要企业本身处于一个比较好的行业中，更重要的是需要企业拥有良好的护城河。

拥有护城河的企业都有持续的业务高增长。以云南白药公司为例，如图1-4所示，30年间，云南白药公司的营业收入从0.34亿元上升到296.6亿元，复合增速超过30%，业绩几乎每年都是持续高增长，营业收入翻了近900倍！

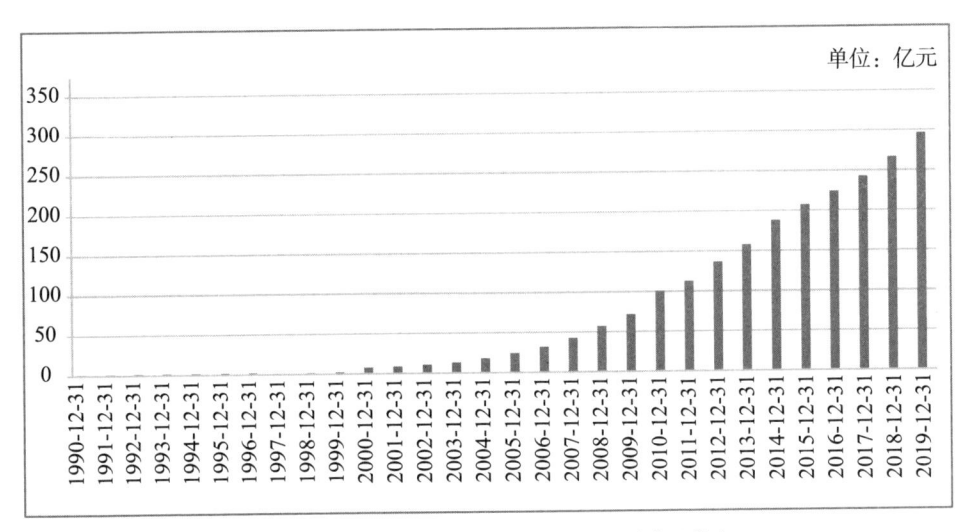

图 1-4 云南白药公司 1990—2019 年的营业收入

数据来源：云南白药公司 1990—2019 年的财务报告。

第五，高预收账款。高预收账款从侧面反映了企业的产品和服务受用户欢迎，而且企业在产业链上拥有较为优势的地位。预收账款是指企业向购货方预收的购货订金或部分货款，待实际出售商品、产品或提供劳务时再行冲减。预收账款是由购货方预先支付货款给供应方而发生的一项负债，这项负债要用以后的商品或劳务来偿付。虽然预收款项在账面上是负债，但本质上是企业将在未来实现的收入，而且一般不需要还款，没有偿债压力。在开具销售发票后，这部分预收款项就变成了营业收入。在分析预收账款的增长率之前，还需要留意两点：（1）剔除一次性收入，只关注与经营业绩相关的预收账款，同时还要同步分析存货周转率、产销率等，以判断企业预收账款变动的合理性；（2）在关注预收账款增长速率的同时，更重要的是关注预收账款总量在总营业收入中的占比。通常超过营业收入的 10%，预收账款的增减才会有较大影响。

以贵州茅台为例。众所周知，贵州茅台公司的护城河（即品牌）是其他白酒企业无法比拟的，这就导致了其在产业链中的地位是异常强势的。如表1-3所示，从财务数据上看，该公司2014年、2015年的营业收入增长率分别为2.11%和3.44%，相应的净利润增长率分别为1.91%和1.14%。我们通过观察发现，虽然营业收入和净利的增长率连续两年双低，但是2015年的预收账款增长率为459%，超过了历史最高水平，预收账款在营业收入中的占比也从2014年的4.68%上升至2015年的25.3%。这就隐含了未来利润准备高速增长的预期。而2016年的数据显示，其营业收入增长率为18.99%，净利润增长率为8.97%，没有出现爆发式增长，同时预收账款增长率增长112%，预收账款在营业收入中的占比提升至45.14%。2017年和2018年的数据显示，预收账款两年都持续下降，利润释放，使得这两年营业收入和净利润都大幅增长。

表1-3　贵州茅台2014—2019年的预收账款增长率、营业收入增长率、净利润增长率和预收账款在营业收入中的占比

年份 指标	2014年	2015年	2016年	2017年	2018年	2019年
预收账款增长率	-51.52%	459.64%	112.32%	-17.74%	-5.91%	1.21%
营业收入增长率	2.11%	3.44%	18.99%	49.81%	26.49%	16.01%
净利润增长率	1.91%	1.14%	8.97%	61.77%	30.42%	16.23%
预收账款/营业收入	4.68%	25.3%	45.14%	24.78%	18.44%	16.10%

数据来源：贵州茅台公司的财务报告。

可见，护城河是企业的长期结构性竞争优势。正如城市护城河是城市的安全边际，企业的护城河同样也是企业的安全边际。交易效率决定企业的安全边际，也就是说，交易效率决定护城河的宽度。

商业竞争的本质是效率与成本之争,商业的进步只有一个方向,就是降本增效。交易效率取决于交易价值和交易成本这两个因素,用公式可以表示为:

$$交易效率 =(交易价值 - 交易成本)/ 交易价值$$

因此,要提高交易效率,就是在不断提升交易价值的同时降低交易成本。

第 2 章

企业的交易护城河

交易价值、交易成本和交易效率

企业的外护城河,即经济护城河,由无形资产、转换成本、网络效应和成本优势构建,完成价值创造过程;企业的内护城河,即交易护城河,实现收益获取,通过商业模式设计来优化交易结构,以降低交易成本,守护企业的交易价值。

交易价值

交易价值是商品和服务交易过程中的经济价值。我们应该如何衡量交易价值呢?从消费者的角度来看,可以从两个维度衡量:一是有没有人愿意买单,即支付意愿;二是愿不愿意支付商品的对价,即支付对价。从企业的角度来看，可以从定价权和交易用户两个角度衡量，也就是说，企业拥有对其产品和服务的定价权：产品和服务的相对交易价格越高，说明交易价值越高；商品和服务的交易用户越多，说明交易价值越高。我们根据交易价格和交易用户数量两个维度可以构建出交易价值的衡量矩阵，横轴是交易用户数，交易用户越多，交易价值越高；纵轴是相对交易价格，可实现的交易价格越高，即具有定价权，则说明交易价值越高；可实现的交易价格越低，即没有定价权，是价格的跟随者，说明交易价值越低。交易价值衡量矩阵可以将企业的产品和服务分为四个象限，如图 2-1 所示。

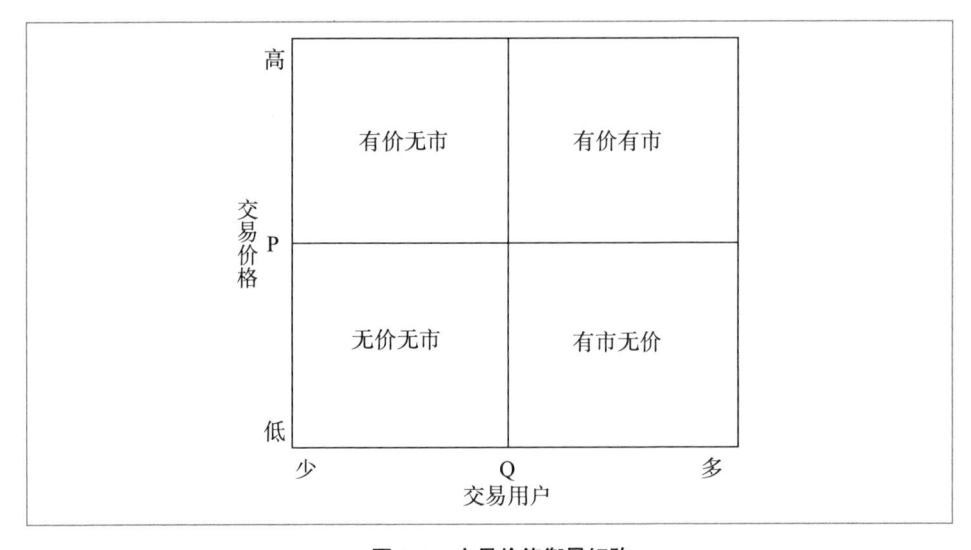

图 2-1 交易价值衡量矩阵

"有价有市"：在该象限中，相对交易价格高，交易用户多。企业的产品和服务既拥有一定的定价权，又拥有比较多的愿意为对价买单的用户，这样的产品和服务具有很高的交易价值。例如可口可乐公司，作为可乐品类的领导者，它不仅拥有大量的交易用户，而且几乎拥有该品类的定价权，同类产品几乎只能跟随它的定价。

"有市无价"：在该象限中，交易用户较多，相对交易价格低。企业的产品和服务虽然拥有较多愿意为对价买单的用户，但它没有定价权，只能跟随定价，依赖成本优势获利，整体交易价值良好。

"有价无市"：在该象限中，交易用户较少，相对交易价格高。企业的产品和服务看似拥有定价权，却很少有愿意支付对价而买单的用户。这类产品和服务通常适合极端细分的利基市场，整体交易价值不高。

"无价无市"：在该象限中，交易用户较少，相对交易价格低。企业的产品和服务既没有定价权，也没有愿意支付对价而买单的用户，几乎没有交易价值。这显然是失败的产品和服务，既无法大量获取用户，又无法获得较好的定价。

交易价值取决于交易价格和交易用户两个因素。通常由于网络效应的存在，用户的增长将使价值呈指数级增长。交易价值可用以下公式计算：

$$V = P \times Q^2$$

其中，V 表示交易价值，P 表示交易价格（体现了企业的定价权），Q 表示交易用户的数量。从该公式可以看出，交易价值与交易价格成正比，与交易用户数量的平方成正比。

因此，从交易价值的角度来看企业经济护城河，一是企业能不能掌控定价权，决定较高的交易价格；二是企业与客户之间的黏性如何，而这又涉及两个问题：一是留存用户，二是获取新用户。

经济护城河的作用就是通过持续提升企业的交易价值来巩固其竞争优势：无形资产护城河通过抢占定价权、提高相对交易价格来提升交易价值；转换成本护城河通过持续留存用户来提升交易价值；网络效应护城河通过快速获取新用户来提升交易价值。虽然成本优势护城河看似降低了交易成本，没有提高交易价值，但本质上是通过优化成本让商品和服务的定价更低，并以低价获取竞争优势和更多的用户，从而提高交易价值。

综上所述，企业可以通过经济护城河提升交易价值，提高交易效率，从而保持竞争优势。

同时，我们还应该注意的是，交易效率还取决于另一个因素——交易成本。

交易成本

交易成本是指在交易过程中所产生的与此交易相关的各种成本，这些成本直接影响着交易效率。当交易价值大于交易成本时，交易效率为正；交易价值越高，交易成本越低，交易效率就越高。当交易价值小于交易成本时，交易效率为负；交易价值越低，交易成本越高，交易效率就越低。只有交易价值持续高于交易成本的企业才是高效能企业。

交易效率不同的四类企业

我们将交易价值和交易成本分别作为纵轴和横轴，将表示"交易价值＝交易成本"的45度斜线作为平衡线，可以将企业分为四种类型，如图2-2所示。不同企业的交易效率不同,它们的商业逻辑也迥异。

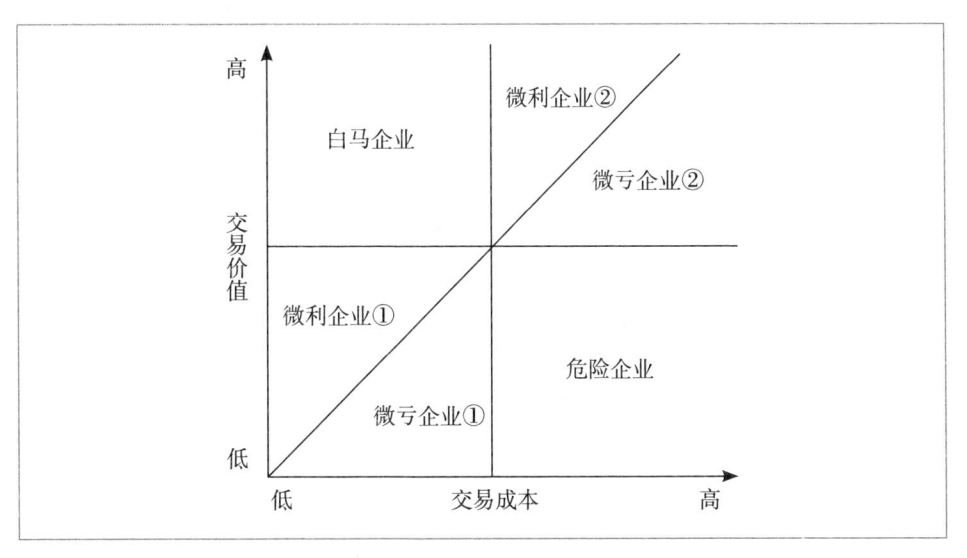

图 2-2 交易效率不同的四类企业

1. 白马企业。这类企业的交易价值很高,交易成本很低,因此交易效率很高。它们通常长期绩优、回报率高并具有较高投资价值。

2. 危险企业。这类企业交易价值很低,交易成本却很高,因此交易效率为负且极低。如果它们不能提高交易价值或降低交易成本,可能将面临巨大的倒闭风险。

3. 微利企业。微利企业分为两类。一类是交易价值低、交易成本低,但是整体交易价值高于交易成本、交易效率仍为正的企业。这类企业通常是小富即安(即能够实现盈亏平衡、解决温饱)的小型企业,它们的发展方向是尽快提高交易价值,同时控制好交易成本。

另一类是交易价值很高、交易成本也很高,但是整体交易价值高于交易成本、交易效率仍然为正的企业。这类企业通常是处于衰退期前期的大型企业，其高交易价值是由高交易成本来维持的，它们整体能够实现微利，但是没有持续的高额回报。它们的发展思路是持续降低交易成本，才有可能发展成白马企业。

4. 微亏企业。微亏企业也分为两类。一类是交易价值低、交易成本低，但整体交易价值低于交易成本、交易效率为负的企业。这类企业通常是尚未实现盈亏平衡、处于发展中的小型企业，它们的发展思路是在控制好交易成本的基础上持续提升交易价值。

另一类是交易价值很高、交易成本也很高，但整体交易价值低于交易成本、交易效率为正的企业。这类企业通常是处于衰退期后期的大型企业，其高交易价值是由高交易成本来维持的，而高昂的交易成本导致它们难以实现盈利。它们必须持续提高交易价值，同时降低交易成本，才有可能实现转型。

从交易成本角度来看，护城河的本质就是要持续降低交易成本，确保企业能够保持较高的交易效率。不同于经济护城河的基于交易价值的四种类型的护城河，还有基于企业交易成本的另一种类型的护城河，同样捍卫着企业的城堡，我们可以将其称为交易护城河。

生意的本质

回归生意的本质，我们发现好生意需要同时解决两个问题：价值创造（即为客户创造什么价值）和价值保护（即收益获取）。价值创造和收益获取是相互依存的关系，它价值创造是前提，让产品和服务有了交易价值；收益获取是目的，最终形成对价值创造的保护和收割。既有价值创造，又能对价值进行保护，从而形成收益获取的生意才是好生意。单有价值创造，但缺乏收益获取的模式，并不一定能获得收益以支持企业的生存和发展；而单有收益获取的企业是一座没有地基的大厦，缺乏价值创造的地基使它始终经不起风雨，无法长久。如果既没有价值创造，又没有收益获取，那就不能称之为生意了。

价值的创造就是大家普遍理解的护城河，通过品牌、专利技术等提升交易价值，但是如果价值的保护问题没有解决，即没有形成收益获取，最终，这门生意就很难说是好生意，甚至会变成一门差生意。

同时，收益获取 = 交易价值 – 交易成本，要想持续获得收益，就要不断提升交易价值，同时降低交易成本。我们常看到的企业外护城河就是通过无形资产、转换成本等要素来提升交易价值的，而企业的内护城河则是通过优化的利益相关者的交易结构来降低交易成本，提升商业模式效率的。

企业的价值创造和收益获取有着怎样的逻辑关系呢？如图 2-3 所示，在

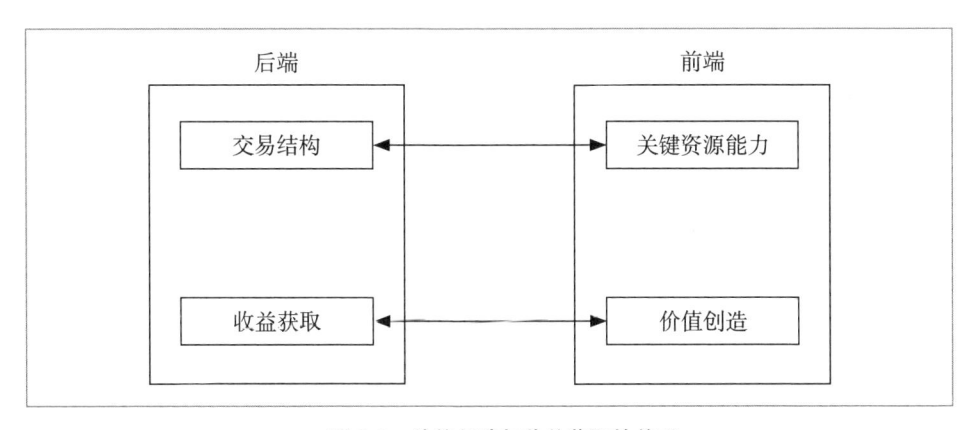

图 2-3 价值创造与收益获取的关系

前端，企业都是利用自身的关键资源能力，不断构建自身的核心竞争力，实现价值创造，建立起企业的护城河。我们还要关注后端，企业通过与合伙伙伴建立起合作共生体，以及商业模式构建起交易结构，这是降低价值损耗，实现价值保护，完成收益获取的关键。否则，就会陷入既叫好又叫座，但难以实现持续盈利的困局。

重新理解企业的护城河

前文已经提到过，交易价值可以用公式 $V=P \times Q^2$ 来计算，如果用 C 表示交易成本，用 I 表示收益获取，那么企业的收益获取公式可以表示为：

$$I = P \times Q^2 - C$$

由公式可以看出，与交易效率一样，企业的收益获取取决于两个因素，一是交易价值，二是交易成本。要想提高收益获取，就需要企业持续提升交易价值，同时持续降低交易成本。

如果用 E 表示交易效率，那么交易效率可以表示为：

$$E = (V-C)/V$$

因此，收益获取可以表示为：

$$I = E \times V$$

由此可以看出，收益获取取决于两个因素，一是交易效率，二是交易价值。

经济护城河关注交易价值，通过构建护城河来提升交易价值，从而建立起企业的结构性竞争优势；交易护城河则关注交易成本，通过护城河实现价值守护，以实现收益获取。商业模式专家魏炜指出，设计商业模式就是设计利益相关者的交易结构，如果设计出的交易结构的"交易成本"最低，那就是最好的商业模式。

现在，我们以交易价值为横轴，交易成本为纵轴，将企业分为四类，如图 2-4 所示。

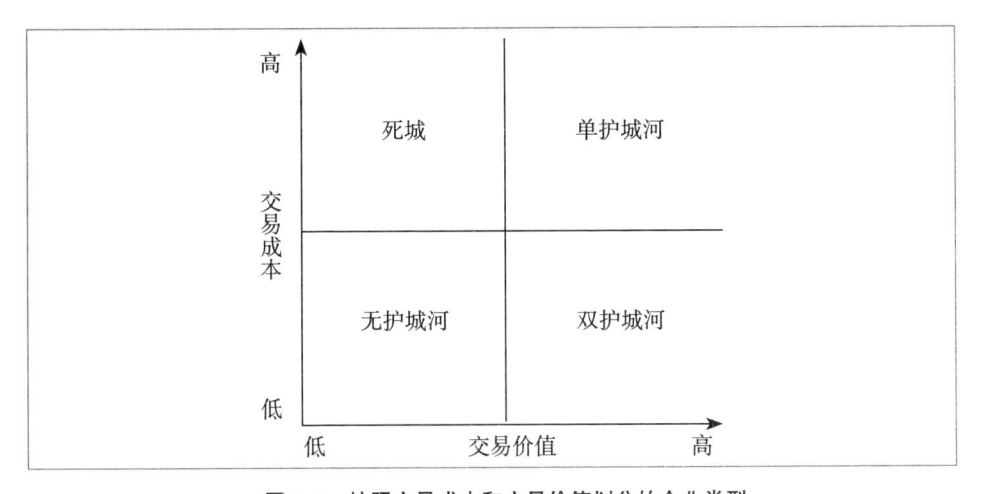

图 2-4 按照交易成本和交易价值划分的企业类型

第一类企业是双护城河企业。这类企业的特点是高交易价值、低交易成本，具有很高的交易效率和收益获取能力，也是我们之前提到的白马企业。这类企业通过外护城河创造了很高的交易价值，同时通过优化交易结构确保了很低的交易成本。它们的安全边际很高，如果能够持续保护两条护城河，一定能够实现基业长青。

第二类企业是单护城河企业。这类企业虽然有很高的交易价值，却承担着很高的交易成本，因此交易效率和收益获取能力不一定高，甚至有可能为负。它们存在的问题通常是通过高交易成本来维持高交易价值，虽然外护城河创造了很高的交易价值，但内护城河却难以守护收益获取。

第三类企业是无护城河的企业。这类企业的特征是低交易价值、低交易成本，它们没有自身独特的壁垒和竞争优势，因此很容易被竞争对手超越。它们如果不能建立起自己的护城河，就很难实现可持续发展。

第四类企业是死城，这类企业的特征是高交易成本、低交易价值，它们持续烧钱却没有带来任何交易价值，自然就没有收益获取，如同一座死城，其结果必然是倒闭。

其实，大量实现基业长青的企业都有两条护城河。经济护城河关注前端交易价值的创造，我们可以将其称为外护城河；交易护城河关注企业和利益相关方的交易结构，我们可以将其称为内护城河。只是人们往往关注的是企业通过关键资源能力实现价值创造，从而构建起的第一条外护城河，却忽略了企业在商业模式的合作生态中通过优化交易结构而建立的第二条内护城河。

第 3 章

成功企业的两条护城河

成功企业需要两条护城河

正如历经风霜的都城需要两条护城河护卫，基业长青的企业也需要两条护城河的保护。我们发现，那些获得可持续发展的企业往往都有内外两条护城河，它们会一手抓价值创造，一手抓收益获取，两手抓，而且两手都要硬。

例如，海澜之家一方面通过将自己定位为"男人的衣柜"并广泛宣传，使自己"男装国民品牌"的品牌形象深入人心，由此建立起品牌护城河；另一方面，公司与利益相关者建立起了"特许加盟+全托管"的轻资产运营模式，同时将生产环节和部分销售渠道大部分外包或完全外包，设计也由供应商承担，公司只负责选款。因此，该公司的经营重点放在了品牌运营和供应链管理等环节上，以抢占产业链和价值链的制高点，从而编织出一条微笑曲线。更重要的是，该公司将大量成本转嫁给了合作共生体，从而优化了交易结构，降低了交易成本。在具体操作上，公司将产品生产环节以包工包料的方式外包给生产商，下游则通过加盟店、商场店和直营店销售产品。在货品最初入库的时候，支付给供货商的货款不超过30%，后续根据货品的实际销售情况逐月结算。在这种模式下，公司既有高速发展的保证，也能有很好的现金流。

麦当劳不仅有专业的选址能力，而且在辛辛苦苦卖汉堡的同时建立起了独特的餐饮文化，不断提升交易价值，并建立起了麦当劳商圈。在利益相关者的交易结构设计上，麦当劳会和原来的土地拥有者签署20～30年的长期租约，甚至是买下土地来建造房屋，然后自己长期持有或转租给其加盟商，以此获得房地产升值的利润。麦当劳的财务报表显示，其主要的资产就是房产，1/3的收入来自直营，2/3的收入来自加盟。而加盟的主要收入就是房产增值的收入。从这个角度讲，表面上看麦当劳提供的是产品，是一家快餐企业，这是其外护城河，但其核心盈利来源却是房地产，这是收益获取的关键，也是其内护城河。

真正持续成功的企业都有两条护城河，第一条是外护城河，也就是经济护城河，是通过关键资源能力提升交易价值而形成的；第二条内护城河，也就是交易护城河，是通过与利益相关方优化交易结构、降低交易成本来实现价值保护而形成的（如图3-1所示）。这两条护城河一里一外，一明一暗，共筑了企业的壁垒。所以，企业家在追求基业长青时需要多问自己一个问题："我的第二条护城河在哪里？"

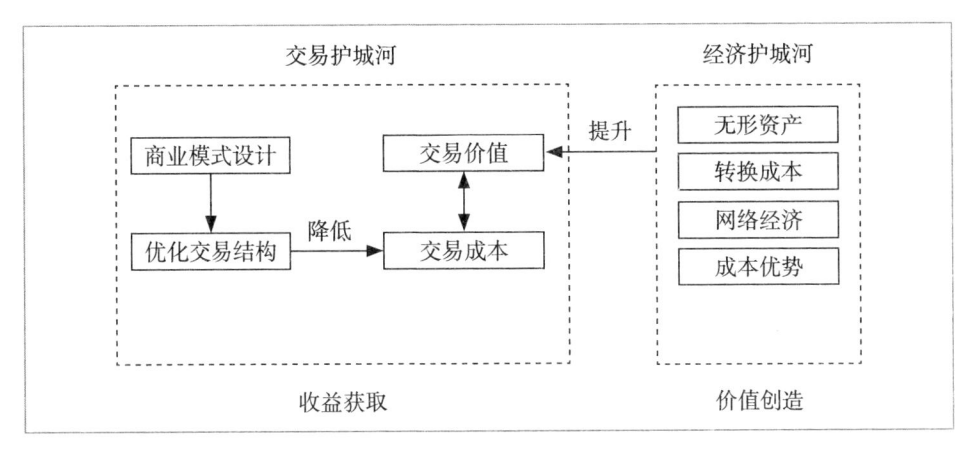

图 3-1　成功企业的两条护城河

【案例 1】可口可乐公司的两条护城河

可口可乐公司是股神巴菲特的一个重要投资，这笔投资既是其价值投资理念教科书般的展现，也是其护城河理论的有效实践。巴菲特虽然多次在公开场合表示看好可口可乐公司，却从未真正公开他的投资理由，更没有明确解读他的护城河理念。于是，大量研究者越俎代庖，开始尝试解读可口可乐的护城河。有些人认为配方是可口可乐公司最大的护城河，因为据说世界上只有三个人知道该配方，而且公司规定这三个人不能同时乘坐同一架飞机，以防飞机失事。有些人认为成本控制是其护城河，因为人人都买得起，而且很少涨价。其实大部分人都认为其品牌资产才是护城河，可口可乐公司的前总裁曾骄傲地说："如果公司在世界各地的厂房都被大火烧光，只要可口可乐的品牌还在，一夜之间它就会让所有厂房在废墟上拔地而起。"毫无疑问，可口可乐公司通过建立起强大的品牌护城河，让企业品牌形象深入人心。当人们在市场中面对琳琅满目的同类消费品时，他们可能会毫不犹豫选择可口可乐。

然而，大多数人不知道的是，其实有两家可口可乐公司，巴菲特投资的是其中之一，也就是有两条护城河的那家。

两家可口可乐公司

我们经常说的可口可乐公司（The Coca–Cola Company）是全球最大的饮料公司之一，该公司在全世界范围内从事非酒精饮料浓缩液和糖浆的生产、分销和市场推广。我们要知道的是，巴菲特买的是这家公司。截至2021年底，伯克希尔·哈撒韦公司仍然持有其约4亿股股票，持股比例为9.2%，是其最大的股东。

另外，还有一家叫作可口可乐企业有限公司（Coca–Cola Enterprises）的企业，该公司从事非酒精饮料的生产、配送和销售。20世纪80年代，可口可乐公司并购了美国两家比较大的灌装厂，组建了可口可乐企业有限公司，并拿了49%的股权，在可口可乐公司外独立运营。2010年，可口可乐公司把可口可乐企业有限公司剩下的股权全部买回，并将其与自己的食品、果汁和供应链业务以及灌装厂合并，成立了可口可乐公司北美（Coca–Cola Refreshments）公司，专门负责可口可乐公司在北美地区的官方灌装业务。随后，可口可乐欧洲合伙公司（Coca–Cola European Partners Plc）成立，它是世界上最大的可口可乐饮料独立塑料瓶装厂。目前，可口可乐公司只是其第二大股东，持股约18%。但这家公司的股票，巴菲特一手都没有买。

两家公司虽然有着千丝万缕的联系，但二者的业务模式完全不同。可口可乐公司不同于一般的饮料企业，它的大部分收入来自浓缩液，而不是终端产品。它将浓缩液卖给灌装公司（如可口可乐企业有限公司）。这些公司配上糖浆、水等，制成可供人们饮用的可口可乐。它们根据可口可乐公司的授权和标准为灌装产品打上 Logo，再进入各种渠道售卖。比起直接售卖汽水，售卖浓缩液有诸多好处，如更容易标准化、更容易运输、更容易分销，毛利率也就更高。因此，可口可乐公司只需提供原浆、配方、技术培训和广告支持，其他一切生产和销售费用都由当地特许经营商承担，该公司无须在生产资料上投入一分钱，就能让其产品遍布世界各地。"轻资产"运营的商业模式摆脱了生产端的"重资产"，促进了该公司规模的迅速扩张。

商业模式的不同导致两家公司的财务数据存在巨大的差异。从数据对比来看，无论是净资产收益率，还是毛利率、净利率等指标，可口可乐公司都远远领先于可口可乐企业有限公司。从价值创造和收益获取的逻辑来看，在前端，由于消费者对品牌认知是一致的，因此两者几乎拥有同样的交易价值；而在后端，由于不同的交易结构形成的差异化合作生态，导致两者的收益产生了巨大的差距，而这正是可口可乐公司的第二条护城河。

可见，无论是在企业经营层面，还是在股票投资层面，可口可乐公司的价值都远高于可口可乐企业有限公司。如果将两者一概而论，就会影响投资者对企业的判断。

三个不同时期的可口可乐

可口可乐 1.0 时代

2010 年之前，可口可乐公司的业务与灌装公司的业务是分开的，因此其收入结构异常简单：第一笔收入来自特许装瓶业务，收取特许经营费；第二笔收入来自销售浓缩液。公司的商业模式也异常简单清晰：在价值创造端，通过每年投入超过20亿美元的营销费用持续塑造品牌价值，提升交易价值，夯实品牌护城河；在收益获取端，通过出售浓缩液与瓶装厂建立起稳固的合作生态。这种商业模式使该公司有了很高的交易价值和很低的价值耗损（即交易成本），极大地提升了商业模式的效率，公司价值也享受到了商业模式的红利，实现了持续的高速增长。

从成本结构来看，假设一瓶500ml的可口可乐售价为3元，原浆成本仅仅为0.3元（占10%），装瓶0.45元（占15%），利润和公司运营成本各占0.5元（16.67%），零售商+经销商利润为0.61元（占20.33%），物流成本为0.25元（占8.33%）。可见，在整个生产链条中，装瓶业务的盈利能力看起来相对欠佳，毛利率较高的是上游的浓缩液生产和销售，约为50%~60%，下游的渠道环节毛利率约为40%，中游的瓶装业务毛利率则相对较低，为10%~15%。可口可乐公司一方面自主经营成本低、毛利高的浓缩液业务，一方面通过特许经营的方式将成本高、毛利低的装瓶业务外包出去。渠道环节虽然毛利也较高，但因为需要投入大量的人工成本和营销成本，该公司选择与分销商、供应商、瓶盖厂等一起合作，即严格筛选供应商，装瓶厂把产品卖给分销商，分销商再将产品送到消费者的手中。三者形成一个生态系统，该系统虽然看起来很简单，但交易结构非常有效，因为几乎每一个环节都在参与可口可乐公司的销售业务，它们共同获得利益、共同获得财富，这是整个系统发展的动力。

可口可乐2.0时代

2010年，可口可乐公司斥资150亿美元收购了其最大的瓶装厂可口可乐欧洲合伙公司，对装瓶业务网络做了调整。公司鼓励经营不善的装瓶商出售其经营权，并成立可口可乐灌装投资（Bottling Investment）公司，通过杠杆兼并的方式收购瓶装厂，逐步开始自产。这就使可口可乐的装瓶产量从11%提高至38%，意味着这家软饮料巨头坚持了20多年的商业模式正在发生重大转变（如图3-2所示）。这家长期轻资产运营的公司也变得越来越"重"了。

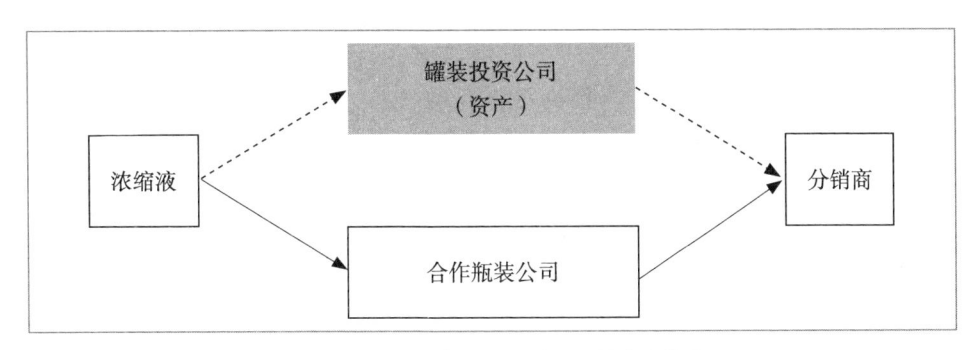

图3-2 2010年可口可乐公司的商业模式

这种转型帮助可口可乐公司迅速提高了营业收入，尤其是2010年收购可口可乐欧洲合伙公司后，公司的当期收入也大幅提升，从350亿美元升至470亿美元，营业收入同比增长了32.5%（如图3-3所示）。同时，这也为公司带来了大量的人员，当年年底，公司员工数从9.28万增至13.96万，增幅高达50%。

然而，可口可乐公司的营业收入并没有因此获得持续稳定的增长，几年后反而开始逐步下滑。同时，这样的交易结构极大地提高了交易成本，2011年的净利润同比下滑了26.95%，之后一直没有回到2010年的水平。于是，有人开始高呼可口可乐公司的护城河开始瓦解，甚至出现崩塌。但从整体上看，可口可乐公司的核心业务仍然保持稳健，交易价值的"品牌护城河"还在，瓦解的护城河不是价值创造的外护城河，而是交易结构的内护城河：原来简单清晰的商业模式被重构，原来的销售（只销售浓缩浆）业务延伸到了高成本运营的瓶装和销售业务，交易成本大大提升，商业模式效率降低。

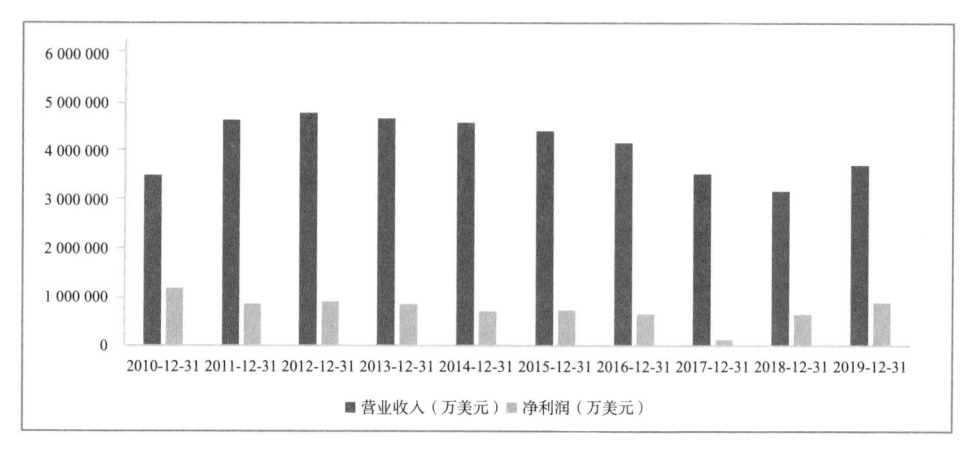

图3-3　可口可乐公司的营业收入和净利润变化

数据来源：2010—2019年可口可乐公司的财务报告。

可口可乐3.0时代

值得钦佩的是，可口可乐公司很快就意识到商业模式的改变并没有为其带来新的竞争优势。于是，该公司回归初心，开始了"瘦身"，重新构建起交易结构的内护城河。从2015年起，公司逐步放弃瓶装业务，在全球范围内剥离该项业务，向其装瓶业务合作伙伴出售工厂、库房和运输卡车，再次回归特许经营和轻资产运营模式。2017年，公司员工数量从2016年底的10.03万人骤降至6.18万人，其中，计为VIE关联公司的员工数从2900人降至0，在美国的员工数同期从5.1万降至1.24万，降幅高达76%。这背后的主要原因是公司正在进行大规模的灌装业务特许经营调整，如不再对北美分公司的主要灌装业务并表、相关业务改用权益法计量或直接不再持有任何股份等，通过优化利益相关者的交易结构重新筑起了第二道护城河。在经历了2017年的阵痛之后，公司2018年虽然营业收入小幅下滑，但净利润同比增长404%，净利润率也大幅度提升，超过2011年的水平（如图3-4所示）。交易结构的优化降低了交易成本，也实现了对价值创造的保护和获取，让可口可乐公司再次回归到正确的轨道上。

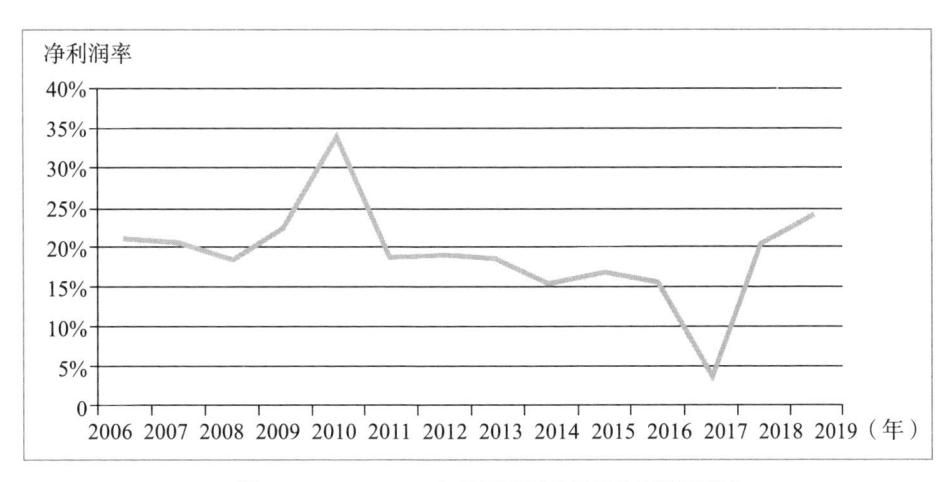

图3-4　2006—2019年可口可乐公司的净利润率变化

数据来源：可口可乐公司2006—2019年的财务报告。

可口可乐公司基业长青的密码

可口可乐的案例给我们带来了以下启示。

第一，优秀的企业不仅有护城河，而且有两条护城河。企业要从价值创造和收益获取两个维度发挥自身的关键资源能力以提升交易价值，并优化合作共生体的交易结构，以实现交易价值的保护和获取。可口可乐公司的成功不仅归功于品牌资产构建起的外护城河，而且也归功于与装瓶公司等利益共生体的交易结构形成的内护城河。它们保护了交易价值并形成收益获取。当摒弃这种交易结构时，哪怕交易价值没有降低，企业收益也受到了极大的冲击。

第二，交易结构也能构建起企业的护城河。护城河是一家企业拥有的其他企业难以复制、难以撼动的优势，是企业建立起来的一种可持续的竞争优势，可以长期支撑企业抵抗竞争对手的进攻。在谈及护城河时，人们会习惯性地想到品牌、技术专利等无形资产建立起的外护城河，却很少想到商业模式构建起的保护交易价值的内护城河。其实，通过商业模式优化交易结构而构建起的内护城河同样重要。外护城河是前提，它能让企业从众多的竞争者中脱颖而出，建立起独特的竞争优势；内护城河是关键，它能让企业有效实现价值获取和保护，持续获取稳定的收益。商业模式是通过构造更大的独特价值空间、降低价值损耗、提高交易效率来获取和保护创造出来的价值，以保障核心竞争力没有变化。

第三，好的商业模式有高效的交易结构。交易效率 $=\dfrac{\text{交易价值}-\text{交易成本}}{\text{交易价值}}$，因此，企业在经营时既要提升交易价值，也要降低交易成本，当交易价值高于交易成本时，企业才会享受商业模式的红利期。可口可乐公司在双护城河时期，交易价值随着品牌资产的提升持续增加，特许经营的交易结构也使交易成本较低，因此商业模式效率很高，公司价值也实现了持续提升。然而在转型之后，虽然交易价值仍实现了持续的增长，但交易成本的增长速度更快，导致商业模式效率下降甚至为负，为优化交易结构而构筑的第二条交易内护城河瓦解。

【案例2】交易护城河：美国西南航空公司持续45年盈利的秘密

在世界航空业界，美国西南航空公司（Southwest Airlines，以下简称西南航空）一直是一个神话般的存在：它是全球第一家低成本航空公司；它的股价自上市以来涨了大约84倍；它的发展史是哈佛商学院的经典研究案例之一，并被商业界反复解读；它也是巴菲特曾试图重仓收购的公司之一；它从成立的第二年起连续45年盈利，成为全球民航业中持续盈利时间最长的公司，这在全球航空公司中绝无仅有，在航空历史上也是前无古人。哪怕是在航油价格大幅上涨的情况下，或是在"9·11"恐怖袭击事件后，美国航空业哀鸿遍野的2001年，或是金融危机下美国航空业大幅亏损的2009年，该公司都以其稳健而经典的廉价航空模式实现了盈利。

西南航空已经成为全球低成本运营航空公司的典范和标杆。该公司依托美国庞大的市场，创造出低成本、直飞、多枢纽基地的航线网络运营模式，改变了美国航空市场的格局，提升了航空在交通体系中的价值和贡献。我们不禁会问，一家在创立之初经历过不得不卖掉1/4的机队（当时公司只有四架飞机）来支付员工薪水和缴纳费用的困境的公司，在其几十年发展历程中做了哪些正确的事？是什么成就了它的神话？它又是凭借着什么样的护城河捍卫着它的竞争优势，并保持着连续盈利的？

成本优势：美国西南航空公司的经济护城河

解读美国西南航空公司商业模式的文章已经汗牛充栋，最广为人知的是其制定并执行了低成本战略，它是全球第一家只提供短航程、高频率、低价格、点对点直航的航空公司。它开创了航空旅行的低成本时代，聚焦客户核心需求，砍掉不必要的其他需求，将低成本做到了极致。例如，只飞一种机型，以减少保养维护成本，保证规模优势；只提供城市之间的短途、点对点飞行，提高飞机的使用率；不提供餐食；不打印机票；单一客舱设置，不设置头等舱等。总之，在不影响正常出行的基础上，该公司从文化、运营、营销等各个方面都将成本控制做到了极致，最有力地实践了战略大师迈克尔·波特（Michael Porter）的低成本战略，实现了独特的两高两低（即高客座率、高飞机利用率、低销售费用和低管理费用）经营结果。

西南航空公司的运营成本为每座位 10.2 美分，而美国联合航空公司（United Airlines）的高达 15.7 美分。低成本运营能够为消费者提供廉价机票，如西南航空公司从美国达拉斯到休斯敦的单程票价为 59 美元，而同期其他航空公司同一区间的单程票价为 79 美元。这种方式为其吸引了一大批忠实的消费者和粉丝。虽然票价十分亲民，但这并没有影响西南航空的利润率。

很多竞争对手在分析了西南航空公司低成本模式后都开始争相模仿，大量廉价航空公司横空出世，瑞安航空（Ryanair）、亚洲航空（AirAsia）、全美航空（US Airways）、春秋航空（Spring Airlines）、捷蓝航空（JetBlue Airways）、易捷航空（EasyJet Airline）等航空公司纷纷进入廉价航空，经营模式几乎完全模仿西南航空公司。它们虽然在短期内取得了很好的成绩，但完全没有像西南航空公司一样持续盈利。近年来，大量的廉价航空公司，如柏林航空（Air Berlin）、WOW 航空（Wow Air）、尼基航空（NIKILuftfahrtGmbH）等纷纷倒闭，其他一些廉价航空公司也鲜有成功。同样的模式，不是西南航空就难以成功？这是因为这些模仿"只得其表、不得其意"？还是因为西南航空已经建立起成本优势的护城河，先发优势已经成长为无法逾越的竞争优势，对手已经难以模仿？

真假护城河

西南航空公司的单位座位成本为 6.6 美分（不含航油），在北美航空公司中具有比较优势；飞机日利用率达到 11 小时左右，客座率保持在 80% 以上。借助严格的成本控制与管理手段（如航班成本控制、航油航材成本管理、人工成本效益管理等），西南航空公司坚持着成本领先战略。此外，西南航空公司拥有美国航空业最有生产力的团队，员工平均服务旅客的数量是其他航空公司的两倍。由于工作人员的配合和努力，西南航空公司的航班从抵达目的地机场，到开登机门上下旅客，再到关登机门、再度准备起飞的作业时间平均为 15 分钟，而其他航空公司大约需要两到三倍的时间来完成这些工作。通过精简业务流程，西南航空公司进一步降低了成本。

外界普遍认为西南航空公司是通过重组价值链体系获得成本优势的，然而这些降低成本的举措真的与持续盈利有必然的逻辑关系吗？与竞争对手相比，这是建立长期竞争优势的法宝吗？

我们选取了廉价航空公司的一些典型指标，如表 3-1 所示。通过与其他竞争对手相比，我们发现西南航空并没有绝对的优势。

表 3-1　　　　　　　廉价航空公司主要财务指标分析

公司 指标	西南航空	捷蓝航空	瑞安航空	易捷航空	亚航航空	春秋航空
客座率	80.10%	83.70%	82.20%	91.00%	80.20%	93.50%

续前表

指标 \ 公司	西南航空	捷蓝航空	瑞安航空	易捷航空	亚航航空	春秋航空
人机比	66	65	30	41	43	102
旅客员工比	2970	2409	8674	6797	3589	2647
飞机日利用率	11.7%	12%	8.2%	11%	12.1%	11.6%
座公里收入成本差（美分）	0.6	0.6	0.8	1.1	1	0.8
营业利润（亿美元）	12.8	4.3	9.2	7.9	3.2	0.7
净利润（亿美元）	7.5	1.7	7.3	6.3	1.1	1.2
净资产收益率	10.30%	7.90%	17.40%	19.70%	7.20%	26.70%

数据来源：兴业证券海外低成本航空研究。

客座率是反映航空客运公司运营效率的指标。我们通过观察表3-1中的数据发现，西南航空客座率在六家廉价航空中排名最后，与最高的易捷航空91%相差约10个百分点。在旅客服务效率方面，虽然西南航空最大限度地优化了流程和精简了人员，但其旅客员工比排名倒数第三，与竞争对手相比仍有很大的优化空间。人机比和飞机日利用率等指标也都不是排名一二，没有绝对的优势。但是，西南航空的营业利润和净利润两个指标却一枝独秀。显然，在与竞争对手对比时，因为运营效率高、运营成本低导致其利润遥遥领先的说法是不成立的，因此认为运营成本控制是西南航空公司建立长期竞争优势的护城河也是站不住脚的。

那么，除了运营成本控制，西南航空公司还有什么独门秘籍呢？事实上，我们经常忽略了一点，那就是在一家航空公司的成本构成中，燃油在航空公司的成本结构中占比最大，一般为25%～30%，所以燃油价格的波动对航空公司的利润会产生比较大的影响。我们习惯性地认为所有航空公司所面临的原油价格都是一样的，它们都是价格接受者，而且它们所用的飞机大同小异，在省油方面也没有独特优势，所以自然也没有企业可以在这方面节省太多成本。然而，我们忽略了一点，那就是燃油也是一个期货商品，航空公司也经常通过航油期货的套期保值等操作来对冲原油价格波动的影响，从而降低燃油成本。

被忽视的持续盈利的秘密

事实上，燃油期货操作一直在西南航空公司的运营中扮演着重要角色，也是保障西南航空公司连续45年盈利的关键一招。

油价波动会对航空公司的利润产生较大的影响。航空公司无法通过随意提高票价来对冲航油价格上涨的风险，在没有对冲策略的情况下，若燃油成本上涨20%左右，将影响航空公司一半的利润。为了防止运营支出大幅波动、稳定盈利水平，航空公司都选择了对冲油价波动风险的重要工具——航油套期保值交易。

仔细分析西南航空公司的财务报表，我们会发现，利用衍生品进行套期保值对西南航空公司实现多年盈利起到了至关重要的作用。西南航空公司的燃油成本远低于同行业平均水平。即使在2007年全球油价达到最高点时，西南航空公司的燃油成本占总成本的比例也不过25%，这归功于其长期毫无差误地执行了航油套期保值策略，例如，公司2007年年报显示，其已对2008年消耗航油的70%进行了套保，平均成本仅为每桶51美元，远低于市场价格；2005年，套保收益占税后利润的114.51%，这说明如果没有套保利润，公司就会出现税后亏损。

西南航空公司最早从 1991 年的海湾战争时期开始就进行了航油套保，不过由于经验不足等原因，当时的套保头寸很少。随着经验的积累和业务的深入，公司的套保比例不断提高，1999 年开始进行 70% 以上的大比例套保，2007 年的套保比例已达 90% 以上。除了当年的短期套保以外，西南航空公司还对长期用油进行了一定比例的套保，例如在 2007 年就已经对 2012 年的航油进行了一定比例的套保，套保期限长达五年。随着原油价格波动幅度的增大，西南航空公司开始把航油套期保值列入重点工作议程，逐步改变保值策略，不断增加航油保值力度，保值期限也从刚开始的一年延长至三年甚至五年后，因此保值效果也逐渐显现，除 1998 年外，每年均能节省数千万甚至上亿美元的航油成本，这为公司的稳健经营发挥了不可忽视的作用。

2003—2007 年，国际油价波动非常频繁和剧烈，西南航空公司对于航油的套期保值比率达到了 70%。如图 3-5 所示，2004—2007 年，西南航空公司套期收益占总收益比例达到了 60% 以上，这说明该公司在这段时间主要靠套期收益来维持正收益。如果剔除套期保值收入部分，那么公司在 2005 年面临亏损的风险。

如图 3-6 所示，2003—2007 年，西南航空公司的套期收益远高于其净利润，如果没有套期保值的收益，公司在这些年就会亏损，连续 45 年盈利的奇迹自然也就无法实现了。

综上所述，我们可以发现，除了低运营成本，西南航空公司还有一条交易护城河，就是期货操作，这是一条看不见的护城河。换句话说，西南航空公司是一家披着航空公司外衣的金融公司。

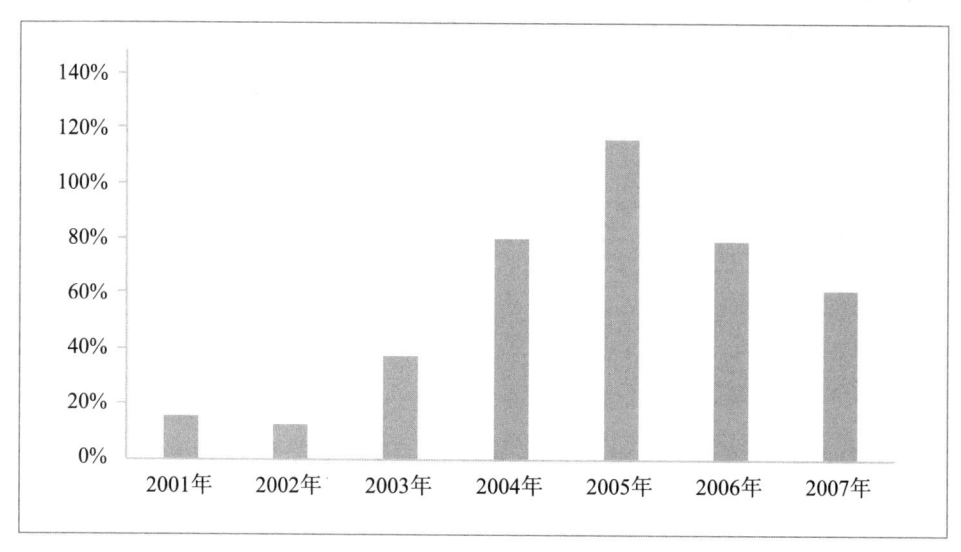

图 3-5 2001—2007 年美国西南航空公司套保收益及其占总收益的比例

数据来源：美国西南航空公司 2001—2007 年的财务报告。

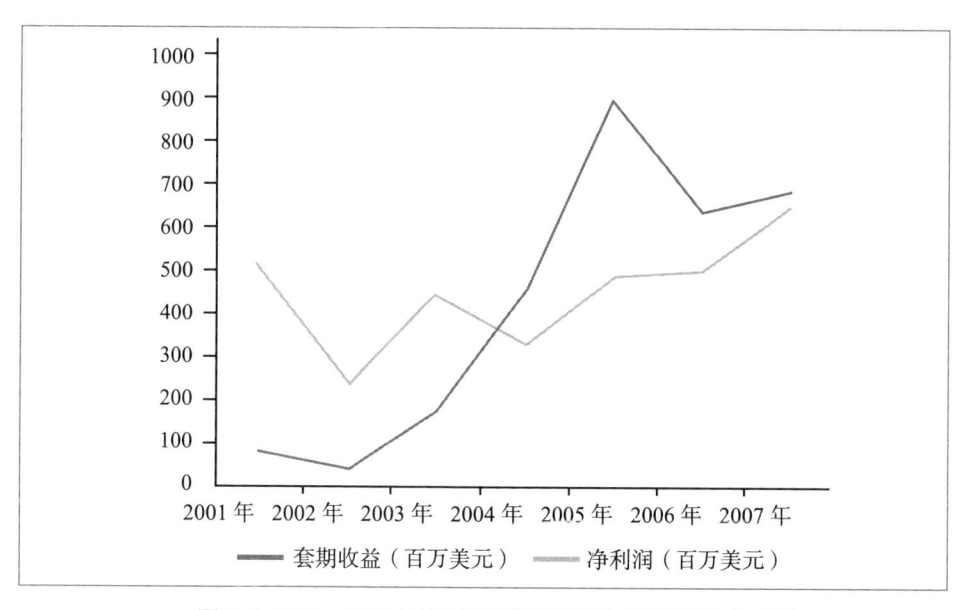

图 3-6 2001—2007 年美国西南航空公司的套期收益与净利润

数据来源：美国西南航空公司 2001—2007 年的财务报告。

事实上，在西南航空公司取得成功后，模仿其廉价航空商业模式的企业层出不穷，然而大多数企业都以失败甚至破产告终。究其原因，是因为人们只看到了它的低运营成本战略构建的外护城河，却没有看到它通过燃油套期保值构建的内护城河。企业的外护城河可以不断提升企业的交易价值，内护城河则可以守护创造的交易价值，实现持续盈利。外护城河固然重要，它是企业获得市场认可、实现品牌传播的前提；而内护城河同样重要，它是企业构建长期的竞争优势、实现持续稳定盈利的保障。商业世界的底层逻辑是交易结构，交易结构的改变和优化孕育了新零售、新商业、新制造、新金融等。

交易结构是指协调与实现交易各方最终利益关系的一系列安排。交易结构反映了在一定历史阶段的经济社会中，作为经济活动主体的个人与其他经济主体展开交易过程时相互关联和相互作用的方式，它包含交易要素的数量比例、排列次序、结合方式和因发展而引起的变化。好的交易结构能够在交易复杂程度、交易风险与交易成本之间取得平衡，实现交易成本的最小化和价值耗损的最低化。交易护城河的本质就是通过交易结构的设计和优化来降低交易成本，守护价值创造，实现收益获取。商业的本质是效率与成本之争，所有商业的进步只有一个方向，就是降本增效。优化交易结构是降低交易成本和提升交易效率的关键，好的交易结构是交易成本最小化的结构设计，优化交易结构旨在节约交易成本、提高交易价值和降低交易风险。交易价值更高、交易成本更低、交易风险更小的交易结构是最适合企业的交易结构。

整个商业世界的交易结构只有一个前进方向，那就是使交易结构越来越优化，交易成本越来越低。假如一个产品的生产成本是 10 元，到消费者手上变成了 100 元，两者的差额（90 元）就是交易成本。在任何维度上，只要有机会提高效率，就是新商业。同样，从护城河的角度来看，企业的交易护城河也是通过优化交易结构来构筑的，通过改善交易成本，企业在交易价值和成本之间形成一个巨大的"剪刀差"，这是效率持续提升和收益持续获取的来源。

具体来看，企业的交易结构包括成本结构、渠道结构和业务结构。

成本结构是指产品成本中各项费用所占的比例或各成本项目占总成本的比例，它可以反映产品和服务的生产特点。分析成本结构可以帮助企业寻找进一步降低成本的途径。

渠道结构是指为达到分销目标，为产品或服务设定一组渠道成员的关系和任务序列。好的渠道结构能够优化交易结构，降低交易成本。

业务结构反映了企业业务类型的有机组合。许多企业通常有流量业务和利润业务。流量业务通常是增长率高、发展速度快但盈利能力较弱的业务，其中有些业务甚至并不能为企业创造利润。利润业务是为企业创造利润、实现收益获取的业务。业务结构优化需要企业在业务比重上做结构性的调整，以降低成本，最大化交易效率。

下面，我们将通过几个案例解读交易结构的三个部分，即成本结构、渠道结构和业务结构，在帮助企业构筑护城河方面是如何发挥作用的。

成本结构

【案例3】成本结构：海底捞的第二条护城河

在中国餐饮界，海底捞无疑是一个神奇的存在。海底捞创建于1994年，经历了近30年的发展，它已经成长为国际知名的餐饮企业。在新冠肺炎疫情暴发前，海底捞所有门店每年服务的顾客超过1.6亿人次，平均翻台率为5次/天。海底捞在中国100多个城市，以及新加坡、美国、韩国、日本、加拿大、澳大利亚、马来西亚等国家经营着466家直营门店，拥有3600多万名会员和6万多名员工。"夏天排队吃火锅"足见消费者对海底捞的喜爱。海底捞你为什么学不会？它有着怎样的护城河，使得它一直难以被模仿？

海底捞你为什么学不会

提到海底捞的竞争优势，人们最先想到的就是其对外提供优质服务、对内进行人性化管理的企业文化。这一内一外的经营管理模式一度被视为海底捞的护城河。事实真是这样吗？

"变态"的服务不是护城河

海底捞的服务可以说给所有的餐饮品牌都树立了一个标杆，曾经整个餐饮行业都在争先恐后地模仿海底捞，为消费者提供人性化服务。服务一直都是海底捞的招牌。例如，餐厅会在顾客等餐时为他们提供免费的美甲或擦鞋服务等；服务员们积极主动，全程引导顾客到座位，询问人数，准备饮料、围裙、眼镜布、装手机的透明胶袋和头绳等；用餐过程中，服务员会全程主动添水、添茶，还会为部分菜品单独递上蘸料；顾客离开时，服务员会全程从座位带顾客到电梯口，并按上电梯，等电梯门关了才离开，离开时还送上一份小吃；洗手间每次有人用过，都会清洁一遍，还准备了护手霜、发胶等；过生日有人专门唱生日歌……只要提前预订，服务就会好到"变态"。总之，海底捞的服务只有你想不到的，没有它做不到的。

当然，这样的服务给海底捞带来了口碑，更带来了人气，"海底捞式服务"更是成为行业的典范和旗帜。优质的服务也直接创造了价值。公开数据显示，2018年，海底捞466家门店收入164.9亿，平均每家店月收入295万元，一线城市超过500万，这两个数字在行业内绝无仅有且大幅度领先。公开资料显示，海底捞开一家新店的成本在800万~1000万元，新店1~3个月内可实现盈亏平衡，6~13个月可以收回前期的支出成本，实现稳定的盈利。更令同行业咋舌的是其翻台率，高达5次/天，这个数字远高于竞争对手，甚至超过很多快餐厅。

然而，优质的服务很少会形成护城河，尽管它确实能给企业带来可喜的短期业绩。那些笃信海底捞的护城河是个性化服务而争相模仿的企业自然是学不会海底捞的。事实上，大量餐饮企业争相模仿海底捞的擦鞋、美甲、送小吃、送眼镜布、陪客人聊天等服务，这样虽然可以在一定程度上提高顾客的满意度，但同时也增加了运营成本，并没有给其门店带来更高的利润。

人性化管理和企业文化也不是护城河

海底捞的制度分为"人治"和"法治"两部分，价值观为"双手改变命运"，讲求晋升机制的通畅。

在"人治"层面，通过案例和故事的方式将价值观渗透给员工，给予员工关怀、激励和动力，总体上采取"赛马不相马"的模式，基本不使用空降领导，自己培养大部分人才，并通过微海咨询公司来进行人力资源管理，降低招聘成本。

在"法治"层面，突出严格的管理制度，设定红线，员工有超过红线的行为立即解聘，不再录用。考核采取"三权分立"的模式，更加公平公正。第一层考核的标准是顾客满意度，以进行选拔和评分；第二层考核是小组考核，由领班负责，小组内部进行管理；第三层考核是门店层面的考核，不合格的员工被淘汰或回到海底捞大学重新学习。

在解决餐饮业长期存在的痛点（如规模化、标准化、食品安全等）时，海底捞给出的解决方案是"连住利益，锁住管理"：一方面，这可以将员工利益与公司利益绑定在一起，以激发个体的积极性；另一方面，在向门店下放权力的同时，由总部来控制系统性风险。师徒制和利益捆绑是海底捞管理体制的核心。采取扁平化管理方式的海底捞在培训机制上选择了"师徒制"。每位员工在进入海底捞工作时都有一位师傅，二者的利益是牢牢绑定在一起的。一位老店长带出的徒弟如果成了新店的店长，那么老店长将有以下两种薪酬方案可以选择：方案 A 是拿老店长所管理餐厅的利润的 2.8%；方案 B 是拿老店长所管理餐厅利润的 0.4% + 徒弟管理餐厅利润的 3.1% + 徒孙所管理餐厅利润的 1.5%。这种制度能够激励老店长为海底捞培养更多的新店长，也为海底捞快速拓店打下了基础。低客单价、碎片化、劳动密集型的行业特征让餐饮业很难支撑起一个现代化的管理体系，这是海底捞创始人张勇对于餐饮行业的判断。

然而，管理是权变的，文化是柔性的。一个现代化的管理体系需要大量的流程和制度来保证，而为了保证这些流程和制度得以实施，又必须建立更多的流程和制度。在建立流程和制度的过程中，很多企业可能会染上官僚主义、形式化这些大企业病。在快速转动的齿轮的辅助下，海底捞这艘巨轮越驶越快，但问题也接踵而来，如被爆出老鼠满地跑、用漏勺掏地沟等与食品安全有关的问题。有人说，海底捞在用高薪酬刺激员工，在保证效率优先和高速运转的过程中，管理方式变得越来越"冷酷"，这种"冷酷"在成就海底捞百亿营业收入的同时，也在对它产生反噬作用。因此，管理方式不是护城河，也不可能塑造护城河。

那么，海底捞有什么护城河呢？

品牌资产：海底捞看得见的护城河

海底捞的城堡外一定有一条宽阔的护城河，保护着它不受竞争的侵蚀。这条护城河就是海底捞的品牌。品牌作为无形资产，是重要的护城河之一。它看不见、摸不着，但价值非凡。餐饮行业是一个红海市场，消费者在众多餐馆中为什么选择你？答案是对你的信任。品牌是植入消费者心智的认知。

有了"变态"的服务、人性化的管理等措施，甚至百万册畅销书的背书，海底捞成了火锅行业的第一品牌。一方面，对于海底捞所处的购物中心而言，海底捞的品牌知名度不仅可以拉高其档次，吸引更多的知名品牌入驻，而且能够吸引更多的消费者；另一方面，品牌也造就了海底捞远高于行业平均水平的翻台率和坪效水平，使其成本结构进一步优化。

事实上，市场竞争最终直指品牌。作为企业无形资产的重要组成部分，品牌价值的涨跌背后凸显的正是企业的市场竞争能力和增值能力。商场如战场，从战术上分析，对于消费品而言，品牌是企业的护城河，质量与技术是品牌的生命。品牌属性较强的企业具有较高的品牌溢价，体现在财务报表上就是较高的利润率，白酒、家电等品牌类企业，以及很多服务行业的企业都符合上述特征。无论是针对哪个目标群体的消费企业，其品牌力与市场占有度都有很高的相关性，口碑和销量是消费者决策的最好依据之一。我们至少可以就此推断，未来无论是在哪个消费层级，龙头品牌胜出的可能性都较大。消费行业面临的需求波动性较小，品牌和渠道优势一旦建立起来，中长期的成长确定性就会较高。

无疑，品牌给海底捞带来了很高的交易价值。然而，很高的交易价值并不一定会带来很高的财务价值。海底捞的服务在带来高翻台率和坪效的同时，也提高了运营成本。例如，人工成本在海底捞的成本结构中占29.6%，而一般火锅店的人工成本会控制在15%~20%；海底捞一家店有大概150位员工，仅员工的住宿成本一年就高达50万，而一般一家1000平方米的火锅店仅有三五十位员工。那么，是什么在守护海底捞的财务价值呢？答案是海底捞的成本结构。

成本结构：海底捞看不见的护城河

任何商业模式想要脱颖而出，就一定要解决行业中普遍存在的问题。就传统餐饮行业而言，其长期面临的几大痛点是很难实现标准化、供应链管理效率低、管理员工难且员工流失率高。虽然海底捞在以上几个方面都做到了优秀，但不管是制度设计、文化熏陶还是培养路径，所有的一切都要落在人工成本的开支上，而海底捞的人工成本占比高达30%。这是一个什么水平？著名的快餐品牌肯德基的人工成本占比仅为21%，同属火锅品类的香港上市公司呷哺呷哺的人工成本占比也仅为23%。虽然人工成本占比如此之高，但海底捞的净利润率依旧保持在10%左右，而代表餐饮行业中上等经营水平的百胜中国的净利润率仅为6%。那么，这些利润从何而来呢？

2017年，在海底捞公布招股说明书后，最令业界震惊的数字莫过于其租金占支出的比例仅为4%！要知道，知名快餐品牌肯德基的租金占比高达30%，考虑到肯德基拿到的都是最好的地理位置，租金水平可能会比较高，但行业的平均水平也要15%。

由此可见，确保海底捞实现长期盈利的因素很可能是其成本结构，也就是那条看不见的护城河。

成本结构分析

原材料、人工和租金成本是餐饮企业最主要的成本。为了更好地分析海底捞的成本结构，我们选择了同样是火锅上市企业的呷哺呷哺作为分析对象。

首先是原材料。如图3-7所示，海底捞的原材料成本占比一直保持40%左右，这与海底捞自身的中高客单价有很大的关系，而且比起呷哺呷哺，其选择的原材料也更高端，所以成本也更高。另外，为了保证原材料的品质，海底捞不仅仅在运输过程中投入了很多资源，更是安排了500多位员工负责食品安全。但由于海底捞80%左右的原材料都是关联公司提供的，所以原材料价格的稳定性也比呷哺呷哺更好一些，不会使盈利出现大幅波动。在呷哺呷哺的原材料结构中，牛羊肉的占比相当高，一年之内可以消耗9000吨左右，而如此大的规模也为其采购奠定了较高的议价能力。

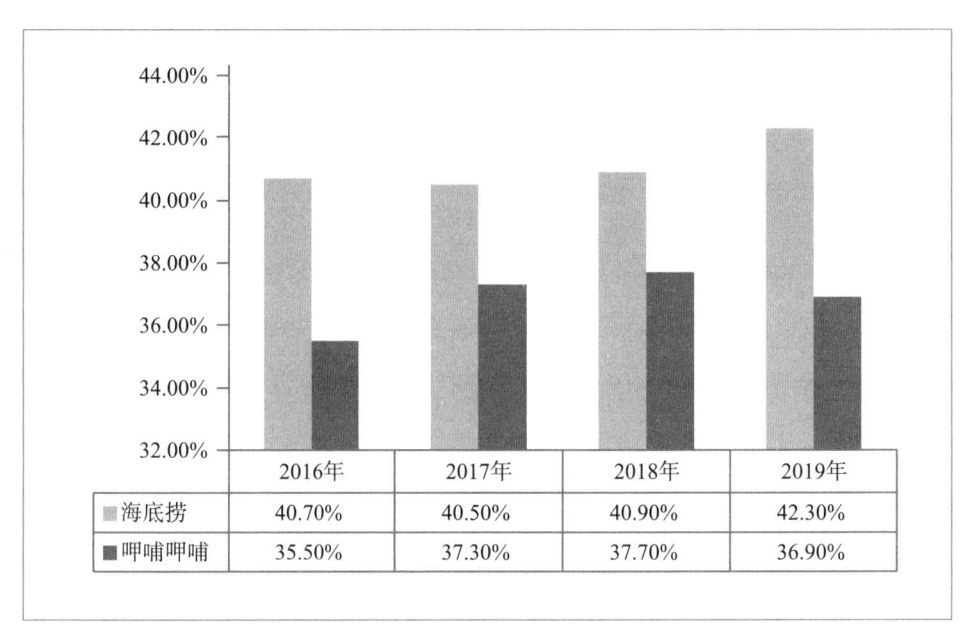

	2016年	2017年	2018年	2019年
海底捞	40.70%	40.50%	40.90%	42.30%
呷哺呷哺	35.50%	37.30%	37.70%	36.90%

图 3-7　2016—2019 年海底捞和呷哺呷哺的原材料成本占比

数据来源：2016—2019 年海底捞和呷哺呷哺的财务报告。

其次是人工成本。在人工成本占比方面，两家企业都呈现出逐年上涨的趋势，差值保持在 5% 左右。在海底捞上市之前，业界券商根据其激励水平并参考同行业最高水平预测，其人工成本占比可能接近 35%，但这忽略了其在二三线城市的扩张速度，而二三线城市的人工成本相对一线城市来说普遍较低。相比其他餐饮赛道，火锅赛道由于没有厨师（厨师的薪酬一般高于服务员），因此整体的人工成本占比仅为 17%，所以不论是在行业中，还是在赛道中，35% 的人工成本都较高。与此同时，高人工成本占比带来的是人均创收近 22 万元的业界领先水平。呷哺呷哺也通过调整人员结构、精准排班、动线改进等措施不断提升人效,但人均创收水平也只达到了海底捞的一半,可见海底捞在人员投入的效率上有明显的优势。公开数据显示,海底捞的毛利率为59%左右,这样的数据在餐饮行业并没有优势,况且海底捞的商品定价偏高。整体而言,火锅的毛利率一般维持在60%~65%,纯利润大概可以保持在25%~30%,这个数字算是比较中肯的。呷哺呷哺的毛利率高达63%,而且商品定价比海底捞低。也就是说,强大的供应链管理虽然在很大程度上保证了海底捞的商品品质的稳定,却没有带来充分的成本和价格优势。事实上,随着产业链的发展,大量的餐饮供应链企业崛起,它们为很多餐饮门店提供了强大的后端保障。

第三是租金。在租金方面,如图3-8所示,海底捞和呷哺呷哺有着显著的差异,差值常年都在8%附近。呷哺呷哺的租金占比一直在12%左右,可以说这个水平在行业内还属于比较优秀的,但是与海底捞一比就相形见绌了。另外,海底捞大部分门店选址都在比较不错的商圈,能够长期保持租金占支出的4%的水平是任何一家餐饮公司都很难超越的。目前,商业物业为了吸引客人都在提高餐饮门店入驻的比例,从之前的20%提升至40%左右,而且商场与不同餐饮门店签署的合同都有不同的免租期和补助优惠,租约一般采用3+2模式,即前三年以保底租金和销售额抽成孰高作为标准收取租金;后两年视情况租金上浮或停止租约。所有商业物业看中的都是海底捞的人气和翻台率,所以海底捞也保持了比较强的议价权。

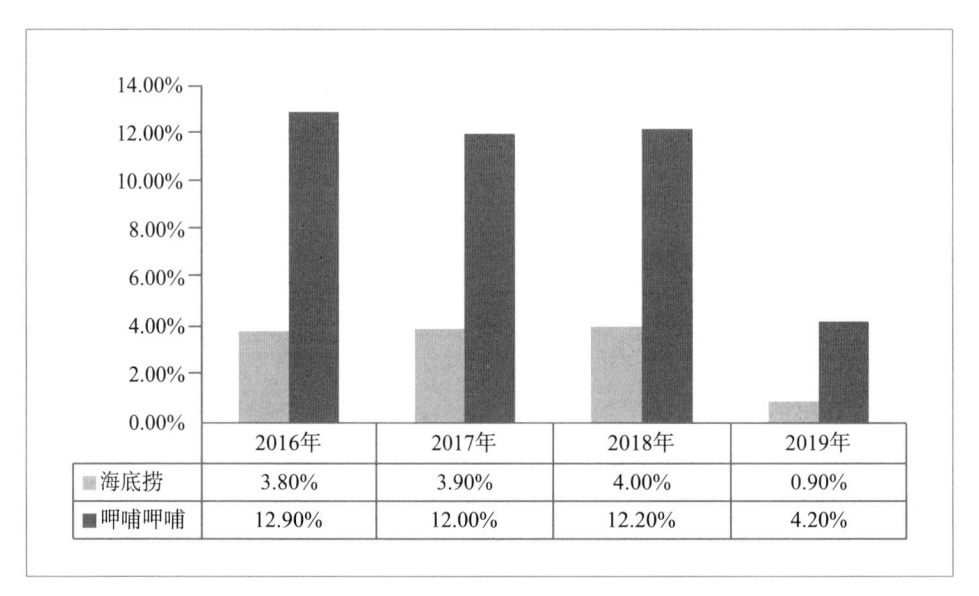

	2016年	2017年	2018年	2019年
海底捞	3.80%	3.90%	4.00%	0.90%
呷哺呷哺	12.90%	12.00%	12.20%	4.20%

图 3-8　2016—2019 年海底捞和呷哺呷哺的租金成本

数据来源：2016—2019 年海底捞和呷哺呷哺的财务报告。

优化成本结构两个秘密

在优化成本结构方面，海底捞主要关注的是两个因素：超低的租金收入比和高效可控的供应链。

1. 超低的租金收入比

海底捞提供各种高质量服务的盛名已经传遍了大江南北。海底捞之所以能提供高质量服务，最重要的是它有足够的资本投入，高人工成本就体现了这一点。而支撑海底捞实现高人工成本支出的真正原因在于其超低的租金占比，这是海底捞第一条看不见的护城河。如图 3-9 所示，海底捞 4% 的租金占比较中餐低了近 15 个百分点，较西式快餐更是低了近 30 个百分点。

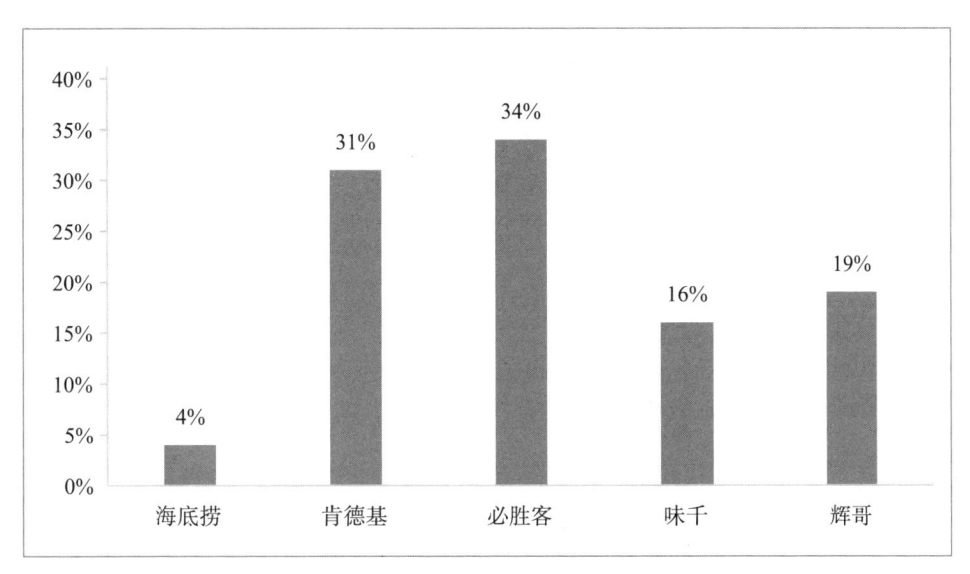

图 3-9　各餐饮企业租金比例占比

低租金节省出来的费用使海底捞在培训、福利、薪酬等方面都有了充足的操作空间，从而使一线服务人员能够获得激励，全心全意地为客人服务。

海底捞之所以能够在各地商圈都保持相当高的议价权，就是因为其具有强大的引流能力。顾客愿意来这里排队不仅是因为菜品的质量和口味，更是因为各种贴心的服务，而这种服务又会提高顾客的复购率。复购率和翻台率的上升不但令海底捞的收入水平进一步提升，而且加强了海底捞的引流能力，巩固了其议价能力，从而形成了一个自我加强的良性循环（如图 3-10 所示）。这才是海底捞能够在快速开店的同时，保持服务质量稳定的重要原因，而低租金占比正是这个循环中最重要的动力。

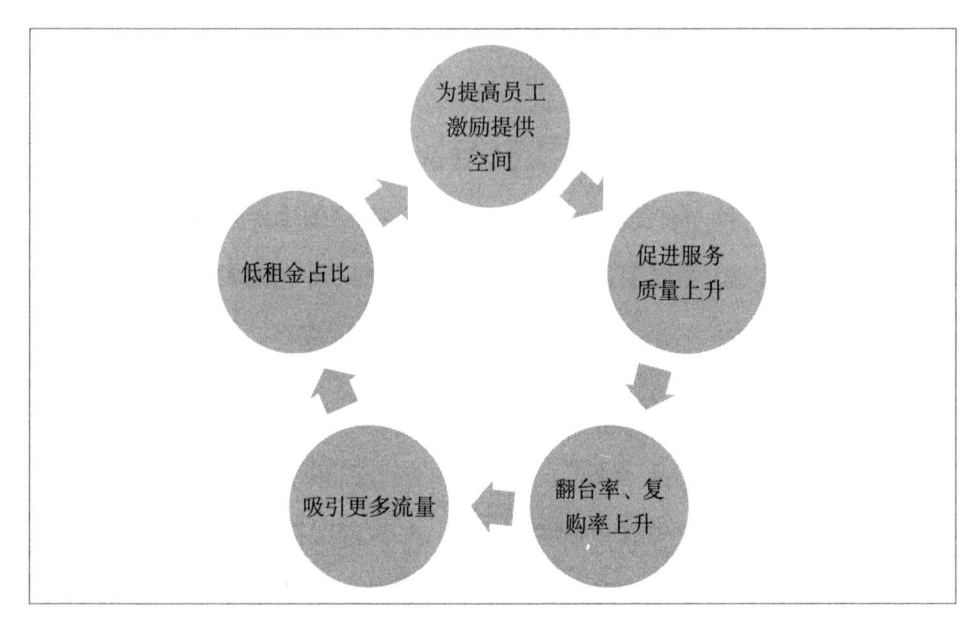

图 3-10　海底捞自我加强的良性循环

2. 高效可控的供应链

对于连锁餐饮企业而言，扩张时最常见的瓶颈就是供应链。由于大部分餐饮企业都是选择与外部供应商合作，企业在快速扩张时，一方面供应链上下游企业的产能可能无法跟上需求；另一方面，如果原有的供应链合作伙伴无法扩张产能，企业往往会选择新增合作伙伴，而新合作伙伴如何能够保证稳定的供应质量又是常常困扰扩张企业的另一个问题。

为了解决上述两个问题，海底捞从 2005 年开始部署了一个相对"重"的供应链管理方式，即自建供应链的各个环节。这样，海底捞在制订了明确的扩张计划后，关联公司可以同步执行，配合建厂和扩大产能。同时，关联公司管理供应链的相关环节，保证全程质量的稳定。

在关联公司中，蜀海公司主要负责食材采购和配送。该公司在全国部署了多个蔬菜、牲畜的种植养殖基地、加工中心和物流中心，以配合海底捞在不同区域的扩张节奏；在品控方面，该公司组建了近百人的团队来专门负责；在信息化建设方面，为了更好地配合不同环节的协调统筹和发展需求，该公司研发了仓储管理系统（WMS）、订单管理系统（OMS）、运输管理系统（TMS）、供应商关系管理（SRM）、客户关系管理（CRM）等多个信息化系统。截至2016年底，蜀海公司分布在上海、北京、郑州、西安、东莞、成都、武汉的七大多温区物流中心已经全部投入运营，总面积达18万平方米，日吞吐量达900吨。

关联公司颐海国际主要负责火锅底料和蘸料的供应，同时也向第三方提供类似服务。该公司已在香港完成了独立上市（1579.HK）。为了配合海底捞的扩张计划，该公司目前已布局华北、华中和华东，建设霸州、马鞍山和漯河三个生产基地，预计产能将达到70万吨。

关联公司蜀韵东方主要为海底捞提供装修和后续翻新的服务。2017年，该公司年产值突破12亿，打造了一支专注连锁企业"全链一站式"工程管理的专业化运营团队，帮助海底捞在扩张过程中保持了快速的装修速度和稳定的装修质量。

关联公司微海咨询成立于2015年，主要负责海底捞的人力资源工作，包括招聘、培训等，为海底捞在高速扩张中保持引以为傲的服务质量提供了源源不断的人才供应。

从财务数据看，海底捞原材料成本约有85%是与关联公司交易完成的。

蜀海以低于同行业13%左右的价格为海底捞提供肉制品，颐海国际为海底捞提供的底料等产品的价格也低于第三方的定价。2018年的数据显示，在各种原材料成本不断上涨的大背景下，海底捞逆势将原材料成本占比从2015年的45.2%降至2018年的40.8%。

原材料成本是餐饮行业最重要的成本波动来源。如图3-11所示，虽然上述供应链结构无法使海底捞像呷哺呷哺一样利用规模优势挤占供应商的利润，但为其提供了相对稳定的成本结构。有了稳定的成本结构，海底捞在增加财务杠杆时就减少了不确定性，使公司能够更好地部署财务结构，为高速扩张提供匹配的资金。

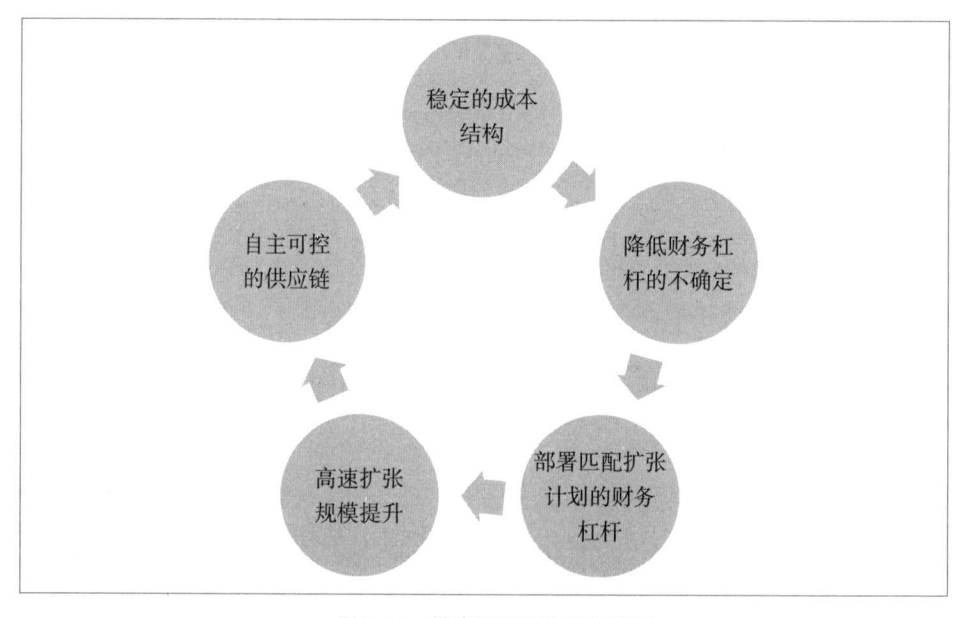

图3-11 供应链保证的正向循环

综上，海底捞的护城河并非我们直接可见的优质服务，而是依靠优质服务打造品牌资产、全产业链来保证菜品品质以及用低成本、低租金保证净利润，这一体两翼搭建起来的内外护城河，如图3-12所示。

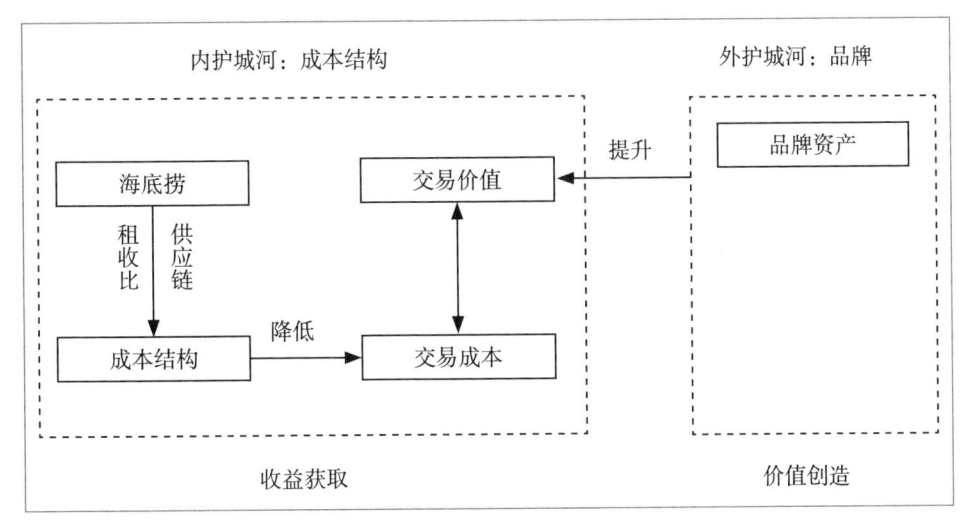

图3-12 海底捞的护城河

【案例4】三只松鼠深挖的护城河

2019年7月12日，三只松鼠在深圳交易所敲响上市钟，成为"国民零食第一股"，它更是首个以IP形式敲响上市钟的企业。当年双十一，据天猫官方平台数据显示，三只松鼠旗舰店用时19分23秒实现销售额破亿，全天销售额突破10.49亿元，同比增长53.81%，力压百草味、良品铺子，稳居天猫全网休闲零食行业交易指数榜首。也是在2019年，三只松鼠全年线上与线下全渠道成交额突破100亿元，成为国内率先且最快达到百亿规模的休闲零食企业，俨然成了互联网零食第一品牌。

三只松鼠创立七年来，累计销售坚果零食产品超过200亿元，自2014年起连续五年位列天猫商城"零食/坚果/特产"类目成交额第一名。守护着三只松鼠第一零食品牌地位的护城河是什么？

超级 IP：无形资产经济护城河的势能

我们认为，三只松鼠的护城河就是它的无形资产，具体地说就是它精心打造的 IP。从产品的角度看，休闲零食同质化比较严重，消费者易转移，因此打造产品品牌与消费者的深度联结是建立起品牌壁垒的关键。三只松鼠创始人、松鼠老爹章燎原从一开始就深谙此道，随着全品类零食的成熟，"三只松鼠旗舰店"和"三只松鼠"的搜索指数总和已是"零食"搜索指数的两倍，这意味着三只松鼠已不仅仅代表着零食，同时还是一个具有深度影响力的 IP。

三只松鼠秉持"让天下主人爽起来"和"以数字化推动食品产业进步，以 IP 化促进品牌多元发展"的使命，确立了消费者价值定位和核心竞争力定位，树立起数字化、娱乐化这两大公司战略。在娱乐化方面，公司坚持 IP 化和人格化的品牌策略，并通过全方位的品牌塑造措施丰富品牌内涵，提高品牌知名度。公司以动漫化的"三只松鼠"作为品牌形象，用很高的品牌辨识度给消费者留下积极、健康、快乐的直观印象，迅速获得了消费者青睐。同时，公司以动漫角色"松鼠小酷""松鼠小贱"和"松鼠小美"为品牌形象，通过赋予其鲜明的性格特征，使品牌整体传递的信息更加丰满。在品牌宣传方面，公司通过动画、绘本、周边等多元化渠道不断丰富品牌内涵，并通过广告投放、社交媒体宣传、产品包装、影视剧植入、跨界合作、线上线下结合等方式与消费者进行高频次的互动，拉近与消费者的距离，使消费者建立起对三只松鼠品牌的立体印象。

此外，公司还创新性地通过开设线下体验店等方式进行品牌宣传。例如，为消费者营造与品牌形象高度相关的休闲娱乐氛围，进行品牌文化的展现；构筑更加精致的购物场景，提升消费者对三只松鼠品牌的感知度和忠诚度。公司始终坚持以消费者为核心，通过塑造"传递爱与快乐"的生活文化品牌，与消费者建立起深厚的文化联系，将简单的产品销售关系拓展为一种消费文化阐述。

毫无疑问，超级 IP 打造的势能成了三只松鼠宽广的护城河，它让消费者在众多消费选择中看中了三只松鼠，为原本没有转换成本的行业建立起了转换壁垒，为公司创造了巨大的交易价值。但我们会问，有超级 IP 建立起的护城河就足够守护三只松鼠的零食帝国吗？

红海市场的竞争策略：松鼠老爹的选择

虽然有强大的 IP 势能，但事实上，三只松鼠的上市之路并不平坦。自 2015 年启动上市辅导以来，两次中止审查，IPO 历经了 778 天后才最终过会。虽然业绩呈现递增趋势，但多次折戟的 IPO 还是折射出问题所在。

其中一个重要的原因就是它没有守护好 IP 建立起的交易价值。毫无疑问，在品牌上的造势和 IP 上的成功给三只松鼠带来了巨大的交易价值，帮助它在营业收入上超越了其他几大传统的休闲零食巨头（如图 3–13 所示）。作为零食行业的后进者，三只松鼠 2014 年至 2018 年的收入复合年均增长率高达 66%，连续七年在天猫双十一食品类夺冠，并从 2016 年开始全面超越竞争对手。

(单位：亿元)

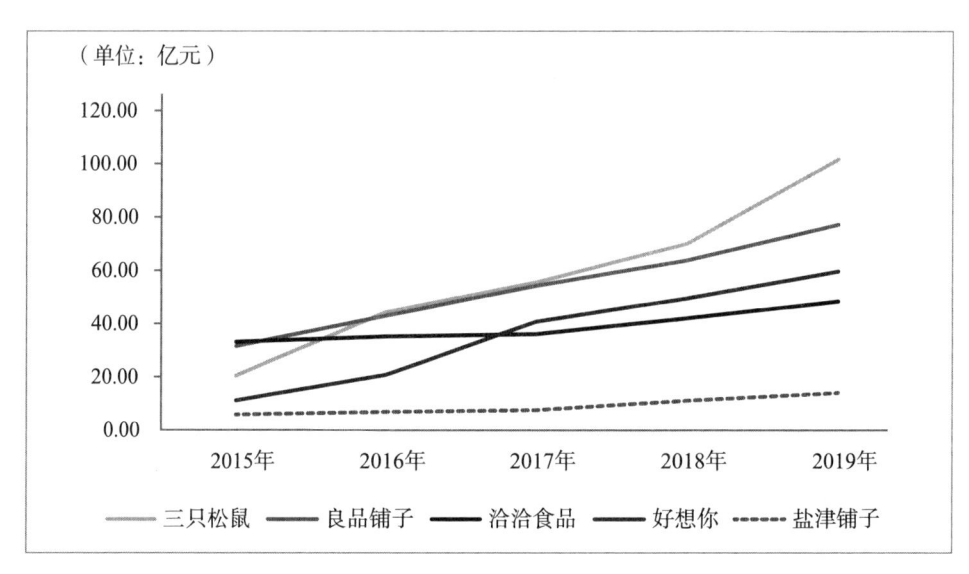

图 3-13　各大休闲零食上市企业 2015—2019 年的营业收入

数据来源：三只松鼠、良品铺子、洽洽食品、好想你和盐津铺子等公司的财务报告。

据三只松鼠此前递交的招股书显示，2016—2018 年，公司的毛利率分别为 30.2%、28.92% 和 28.25%，但销售净利率仅为 5.35%、5.44% 和 4.34%。造成这种反差的原因是其高昂的营销费用。无可否认，大力打造 IP 需要在营销上大量投入，而且是持续的投入。三只松鼠包括推广费用在内的销售费用占其总营业收入的比例一直在 20% 左右，2016—2018 年，推广费用占比虽呈下滑之势，但实际支出却在不断增加，从 1.24 亿元攀升至 1.45 亿元，几乎是净利润的一半，包装费用在销售费用中的占比也一直在 12% 以上。公司 2019 年的半年报显示，2019 年上半年，公司的销售费用上涨了 47.52%，主要原因是第三方电商平台的服务费用和物流快递费用增加，这对其利润也有明显的侵蚀。与洽洽食品、良品铺子相比，三只松鼠在渠道多元化方面较弱，这也是其最明显的短板。

IP、推广和线上销售是三只松鼠主要的营销手段，也正是这几方面的开销吃掉了三只松鼠的大部分利润。也就是说，三只松鼠要想确保较高的盈利水平，控制原材料价格是关键的一环。那么三只松鼠是怎样控制原材料成本的呢？这就要回溯三只松鼠后端的供应链管理，以深究其看不见的护城河。

寻找利润点：三只松鼠的盈利逻辑

摆在松鼠老爹面前的有两个选择：一个选择是学习传统休闲零食巨头（如好想你、洽洽等），自建供应链，实现垂直一体化；另一个选择是供应链外包，通过"代工+贴牌"打造合作网络，建立轻资产平台型供应链模式。

"自建供应链"还是"代工+贴牌"

当然，两种模式各有优劣。事实上，在任何一个领域中，如果后进者仅仅在品牌上发力，是无法实现赶超的，在竞争激烈的零食行业更是如此。零食行业中的传统龙头企业（以好想你、洽洽食品为代表）通过自建原材料基地和自主进行原材料采购、冷藏保鲜、研发、生产加工、全渠道销售来建设全产业链。以好想你为例，公司在上游自建原材料基地，在河南新郑、河北沧州、新疆若羌、新疆阿克苏、新疆哈密以及澳大利亚、非洲、美洲、欧洲等建设了全球性的原材料基地的同时，在中游自建工厂，对原材料进行二次加工，这就形成了重资产的商业模式，这也意味着边际扩张的成本会比较大。全产业链利于控制产品品质、降低中间环节交易成本、提高经营效率、实现规模经济，以及提升企业整体控制力，特别是对食品行业而言，安全一直是一条最重要的红线，而这也是产业链中大部分企业都采用全产业链战略的重要原因。

三只松鼠选择了一条不一样的道路，即采用典型的"耐克模式"（代工＋贴牌），只负责研发和营销，生产环节一律外包。也就是说，它是一家不生产零食，靠包装和IP打造市场认知度的食品公司。

"轻资产＋低毛利率"的供应链模式

具体来说，它并没有采用自建上游原材料基地的方式，而是由认证供应商在公司的严格监督下完成原材料的生产和采购，并在经公司的分装和全面检测工序后形成最终产品。公司和供应商合作伙伴在采购计划等方面进行协同，并和农户、合作社等合作方进行深入对接，以确保供应的稳定性，同时加强对原料品质和采购价格的把控。与传统龙头相反，三只松鼠形成了一种轻资产的商业模式，这也意味着边际扩张的成本会比较小，这一点表现在流动资产占比上。长期以来，三只松鼠都保持着75%左右的流动资产占比。而对于食品安全问题，三只松鼠建立了严格的管控措施，通过全流程的质量管理体系对整个业务流程的商品流和信息流进行监督。企业在商业模式上的差异导致了销售毛利率上的差异。如图3-14所示，2017—2019年三只松鼠的销售毛利率（三年平均）远低于其他同行。

事物都有双面性，供应链模式导致了三只松鼠销售毛利率低的劣势，必然也会带来优势，章燎原要权衡的是孰优孰劣。三只松鼠的供应链管理模式有以下优势：（1）公司能够对原材料的品质和价格实现直接管理，更好地发挥公司在规模化采购谈判等方面的经验优势；（2）兼顾公司对产品品质的把控，也使公司更清晰地掌握产品的生产成本构成，从而能够更有效地确定产品定价和成本改善机制；（3）公司在品类创新上并不会拘泥于原有的供应链

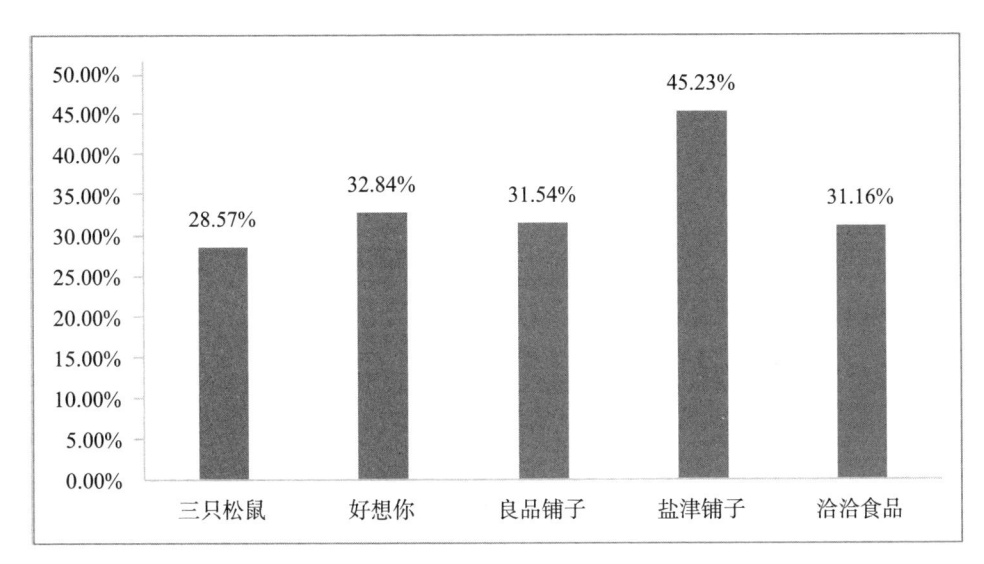

水平和品类，能够及时根据创新调整供应链，不会有太大负担。

图 3-14　各大休闲零食上市企业 2017—2019 年的销售毛利率（三年平均）

数据来源：各公司的财务报告。

供应链的设计保证了三只松鼠能够在营销和品牌建设方面投入更大的精力和更多的资源，同时在供应链上不会消耗过多。如图 3-15 所示，三只松鼠 2017—2019 年财报披露的销售费用都在同行业中保持着最高水平，在 2018 年更是达到了 14.61 亿元。而同时，三只松鼠的管理费用占比却远远低于同行，2017—2019 年的平均值仅为 1.9%，而大多数同行的占比都在 6% 左右，这体现出类外包模式下对于管理费用的节省，这为品牌建设这一外部护城河提供了更多的资金投入。

（单位：亿元）

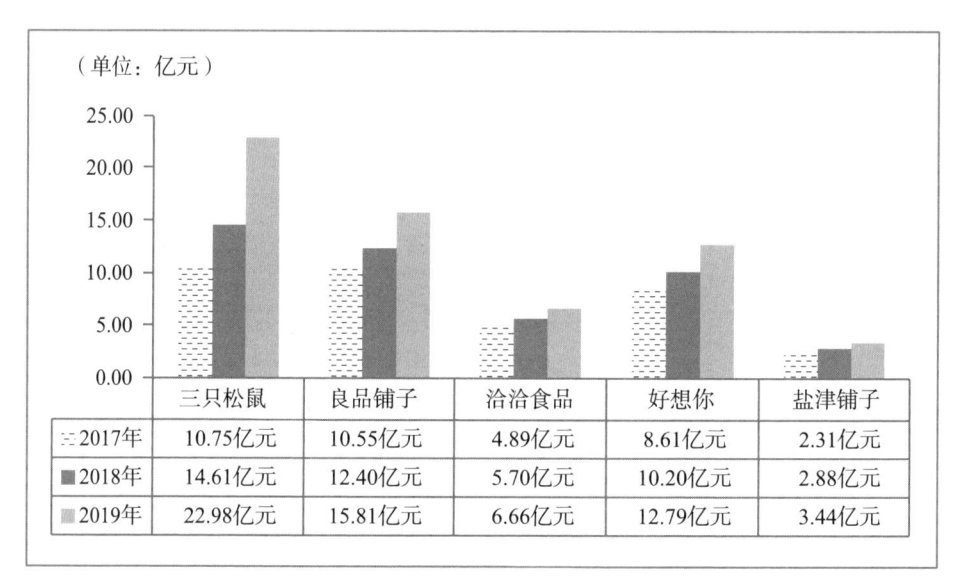

图 3-15 各大休闲零食上市企业 2017—2019 年的销售费用

	三只松鼠	良品铺子	洽洽食品	好想你	盐津铺子
2017年	10.75亿元	10.55亿元	4.89亿元	8.61亿元	2.31亿元
2018年	14.61亿元	12.40亿元	5.70亿元	10.20亿元	2.88亿元
2019年	22.98亿元	15.81亿元	6.66亿元	12.79亿元	3.44亿元

数据来源：各公司的财务报告。

我们从图 3-16 可以看出，即使三只松鼠有着全行业最多的营销投入，但同模式下的销售净利率却最高，长期保持在 5% 左右。

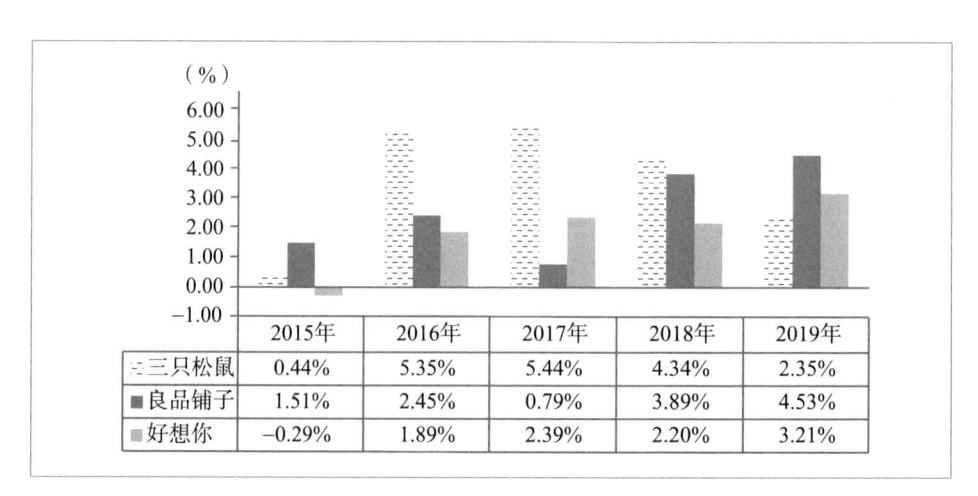

图 3-16 各大休闲零食上市企业 2015—2019 年的销售净利率

	2015年	2016年	2017年	2018年	2019年
三只松鼠	0.44%	5.35%	5.44%	4.34%	2.35%
良品铺子	1.51%	2.45%	0.79%	3.89%	4.53%
好想你	−0.29%	1.89%	2.39%	2.20%	3.21%

数据来源：各公司的财务报告。

大家可能会有疑问，一方面三只松鼠的销售毛利率最低（三年平均销售毛利率为28.57%）；另一方面，它又常年是全行业销售费用投入最多的公司，那么是什么在造就其长期领先同业的销售净利润呢？事实上，虽然三只松鼠的销售费用总额是行业中最大的，但是其销售费用占比其实并不高，在同模式的公司中基本处于相对靠后的位置，这主要是计算公式的分母所决定的，也就是三只松鼠庞大的营业收入。

然而，这个模式要正常运作起来依赖于一个重要问题：庞大的营业收入及其快速的增长又是如何形成的呢？主要是需要解决两个问题：（1）消费者愿意买，这是IP带来的，可以视为公司建立的外护城河；（2）公司有的卖，而且是低成本地卖，这是供应链带来的，可以视为公司建立的内护城河。也就是说，三只松鼠只要能够保持持续增长，就能在发展中解决问题，而外包模式的供应链业务拓展的边际成本会更低。

三只松鼠的两条护城河

三只松鼠通过前端的IP营销和后端的供应链管理打造了两条护城河，这两条护城河形成了协同效应，共同守卫着它的营业收入和利润。这两条护城河又有着相互促进、彼此成就的正循环关系。

毫无疑问，三只松鼠的IP资产为其构建了外护城河，极大地提升了其交易价值，即高度的消费者认同和优秀的经营数据。这是企业实现持续盈利的基础，也是捍卫企业自身的堡垒。强大的IP资产成就了"第一休闲零食品牌"，更创造了年营业收入破百亿的奇迹。同时，三只松鼠又通过优化交易结构构建起了第二条护城河，进而优化后端的成本结构，以确保盈利能力的提升。

可喜的是，三只松鼠同时不断地在这两条护城河上深挖，以构建更加宽广的护城河。一方面，它在 IP 打造上不遗余力，继续高举高打，从农产品企业、互联网企业，到线下品牌、文化产业和动漫企业，"三只松鼠"这个 IP 正在不断衍生，奔向超级 IP 之路。未来，它将继续推出寓教于乐的三只松鼠系列动画片，服务于公司娱乐化战略和品牌 IP 化策略。

更重要的是，在拓宽外护城河的基础上，三只松鼠继续深挖内护城河。在交易结构上，三只松鼠与上下游合作伙伴建立了更密切的联盟关系，投资建设联盟工厂，实现数字化和在线化，形成真正的产业共同体。它在全国多个园区采取大仓制构建物流中枢，并且配套基于产品、质量、检测、数字技术、财务、管理的多项基础设施，赋能每一个合作伙伴。渗透到制造中去建设供应链，目的就是创造用户可感知的价值，打造"造货 + 造体验"的核心能力，以更好的风味、更新鲜的产品、更有趣的体验，拉近和消费者的距离，为消费者源源不断地提供质高、价优、新鲜、丰富、便利的快乐零食。

三只松鼠敏锐地找到了自己构建两条护城河的方式，并在这两条道路上越走越远，越挖越深，从而持续地创造着这个行业的奇迹。三只松鼠的两条护城河如图 3-17 所示。

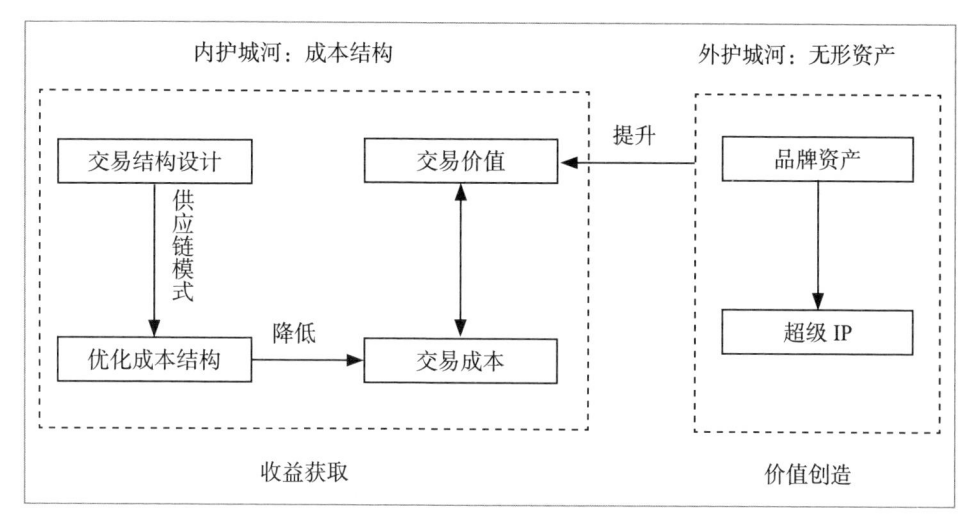

图 3-17 三只松鼠的护城河

【案例 5】牧原股份：养猪背后的金融秘密

民以食为天。在我国，猪肉价格一直是国人关注的一个重要话题。自 2019 年下半年开始，受非洲猪瘟的影响，猪肉价格基本两天上一个台阶，继突破历史高点后，又不断创新高。然而，很少有人关注相关企业。猪瘟的来袭变相加深了几家龙头企业的护城河。在非洲猪瘟到来之前，生猪养殖业几乎没有门槛：有闲置的土地，没钱可以贷款，也不需要高学历。但散养户无法长期挣钱，追涨杀跌的现象普遍存在。而企业不同，它们可以凭借规模、管理和技术优势，尽可能地降低成本，在周期高点尽量多盈利、周期低点少亏损，同时不断累积资本、扩大再生产。大企业在面临非洲猪瘟等影响时，更能利用管理能力和技术水平将损耗降至最低，这就是周期性行业中最好的护城河。

对养猪企业而言，2019 年是不平凡的一年。随着猪肉价格大幅上涨以及市场不断扩大的需求缺口，这些企业获利丰厚。在所有的养猪企业中，牧原股份可谓吸引了投资人足够的眼球，公司股价屡破新高，市值赶超曾经的养猪第一股温氏股份，总市值一度成功突破了 2700 亿元，甚至超过除温氏股份以外其他所有国内主流养猪企业（如新希望、正邦科技、天邦股份、大北农、唐人神、立华股份、天康生物、傲农生物和新五丰等）的市值总和。那么牧原股份有着什么样的护城河呢？

养猪背后的学问

从全球范围看，生猪养殖模式是多样化的。通常情况下，农业现代化越发达的国家，采用公司规模化养殖模式的程度越高。虽然模式有很多，但是主体通常只有公司或农户，模式的差异主要是在于二者参与养殖的比例问题。牧原股份是公司完全参与的自育自繁自养一体化的模式。与其他养殖行业的一体化模式类似，公司从初期的场地、设备等固定资产投资开始，到养殖过程中人员和物料，再到繁育仔猪，都会深度介入，并统一管理。一体化模式的核心就在于形成封闭链条后，通过将原本产业链中的外部环节进行内部化，从而解决之前由于外部运行过程中产生的饲料质量波动和种猪错配等问题，使得全程可溯可控。

牧原股份通过将原本公开市场化运作的环节进行内部化处理之后，使得其在各个关键环节下都能够比较好的管控。这种管控的作用主要包含两个方面：首先，内部协作在效率上很多时候会比外部合作要底，这一点主要体现在响应的及时性和规划的一致性上；其次，内部化处理对于质量和成本方面会更有优势,过去部分产业链上合作的伙伴规模比较小,管理水平相对低下,无法很好地完成对质量和成本的控制。

2018年,牧原股份的头均销售成本为1086元,温氏股份为1327.76元,正邦科技为1267.53元,天邦股份为1206.62元。相较于同行业其他公司,牧原股份拥有显著的成本优势。如图3-18所示,2019年,牧原股份的净利润率高达31.34%。

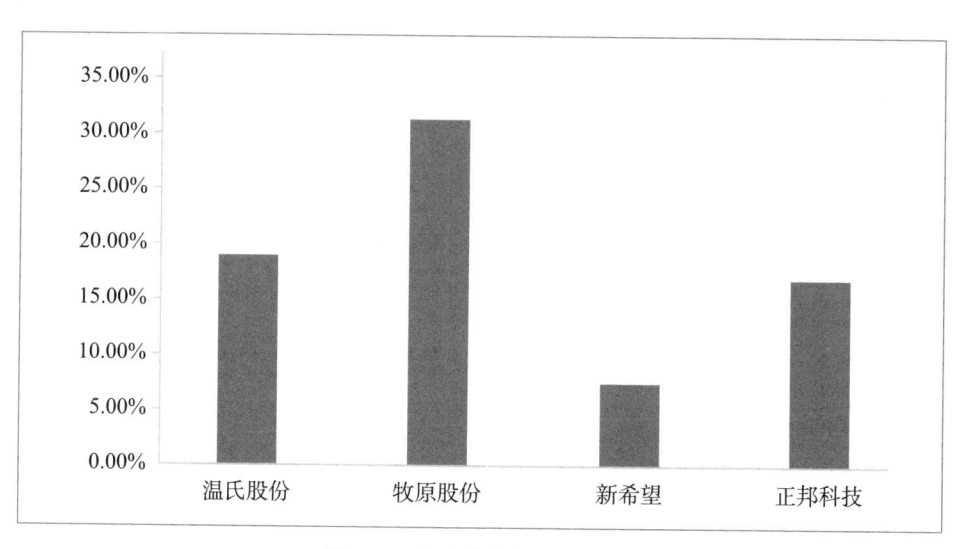

图3-18 各大养猪企业的净利润率

企业获得竞争优势的一种最重要的方式是获得竞争对手无法复制的低成本结构。低成本的竞争优势具体体现在,在行业景气上行期获得更多的产能扩张机会,在行业景气下行期凭借自身的成本优势穿越周期,实现持续盈利。牧原股份生猪养殖的完全成本在全行业中最低,而低成本带来的较高头均盈利也进一步夯实了其在资本市场的融资能力,这意味着只要牧原股份能够一直维持领先行业的成本优势,其生猪出栏量就有望持续保持高增长。事实也是如此，牧原股份的产能从 2011 年的 60 万头生猪到 2019 年的 1000 万头生猪，八年增长超过了 16 倍。

成本优势背后的成本结构

然而，我们不禁会有疑惑，虽然牧原股份的模式可以降低养猪成本，但是其他成本必然会上升（如人工成本、管理成本和财务成本），如果这三种成本不能得到有效控制，那么其净利润率也不会很高。如果成本构成只是拆东墙补西墙，其成本优势也无法真正凸显。我们以温氏股份为例进行对比研究。温氏股份是行业龙头之一，其 2019 年的出栏量为 1800 万头。它采用的是"公司＋农户"的生产模式，公司承担源头育种、种苗提供、饲料生产、疾病防治等产业链配套与管理的关键环节，而合作农户提供必要的资产、土地和劳动力等要素资源，承担现场饲养管理。而牧原股份采取的则是"自繁自养"的生产模式，即通过建设养殖基地并雇用劳动力进行规模化养殖，公司负责养殖过程中的所有环节。也就是说，温氏股份选择将部分成本转移给第三方，而牧原选择自己去承担整个环节的成本。这种差异直接体现在二者资产结构的不同。如图 3-19 所示，牧原股份的固定资产占比始终高于温氏股份，两者的差值约为 10%。由此我们可以看出，在牧原股份的成本结构中，固定资产比重相对较高。

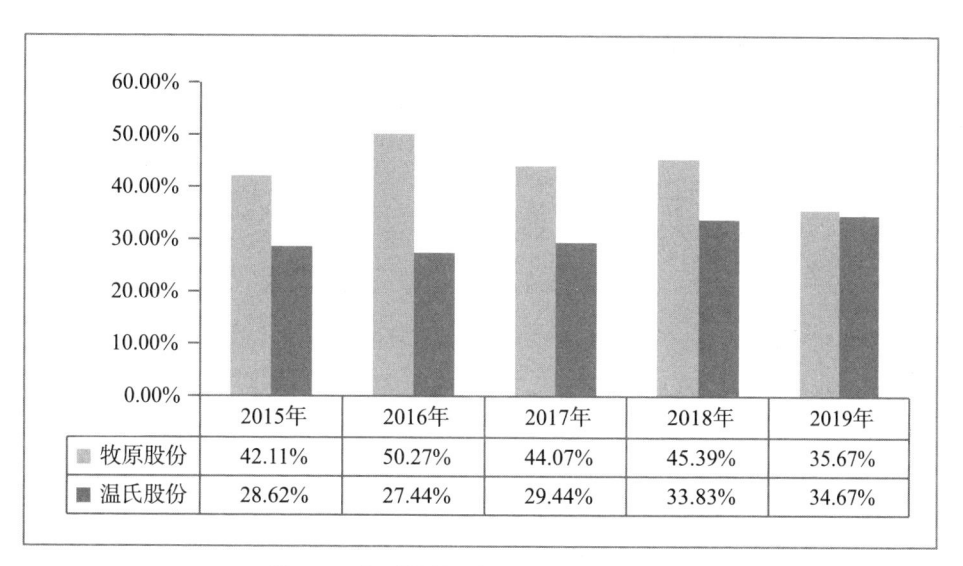

	2015年	2016年	2017年	2018年	2019年
牧原股份	42.11%	50.27%	44.07%	45.39%	35.67%
温氏股份	28.62%	27.44%	29.44%	33.83%	34.67%

图 3-19　温氏股份和牧原股份的固定资产占比

数据来源：温氏股份和牧原股份的财务报告。

虽然这种差异为温氏股份带来了快速扩张的杠杆效应，但它同样也使牧原股份拥有了更好的成本优势。例如，温氏股份要为养殖户支付一笔协定好的费用，这种费用易涨难跌，当猪价高的时候，它会增加；当猪价低迷时，它虽然可能有所下调，但需要保证基础代养费。而牧原股份"自繁自养"的一体化模式有效地减少了中间环节的交易成本，对整个生产流程有强大的管控能力，不需要与农户分享收益，没有委托养殖费用的支出。成本优势正是牧原股份重要的外部护城河。

牧原股份选择了重资产模式，同时又希望快速扩张。大规模养殖是一个资产密集型的行业，需要投入大量资金来购买种猪、购建猪舍、购买设备等，前期投入大，同时，生猪的生长周期优势相对固定，经营过程中需要较多的流动资金用于周转，这意味着牧原股份需要持续且大量的资本投入，并且这些投入的资本成本还要可控,那么牧原股份是如何解决这个问题的呢?

重资产模式背后的融资结构

如上所述,牧原股份选择了重资产模式,在这种模式下的投入产出情况如何?为了更加清晰地说明,我们对牧原股份历年的财务报表进行了简要分析。

融资结构优化交易成本

牧原股份的固定资产从 2011 年的 5 亿元增加至 2019 年的 188 亿,其中大部分都用于厂房和设备,少数用于运输工具。这些固定资产的投入带来了九年累计 595 亿元的营业收入,如图 3–20 所示。

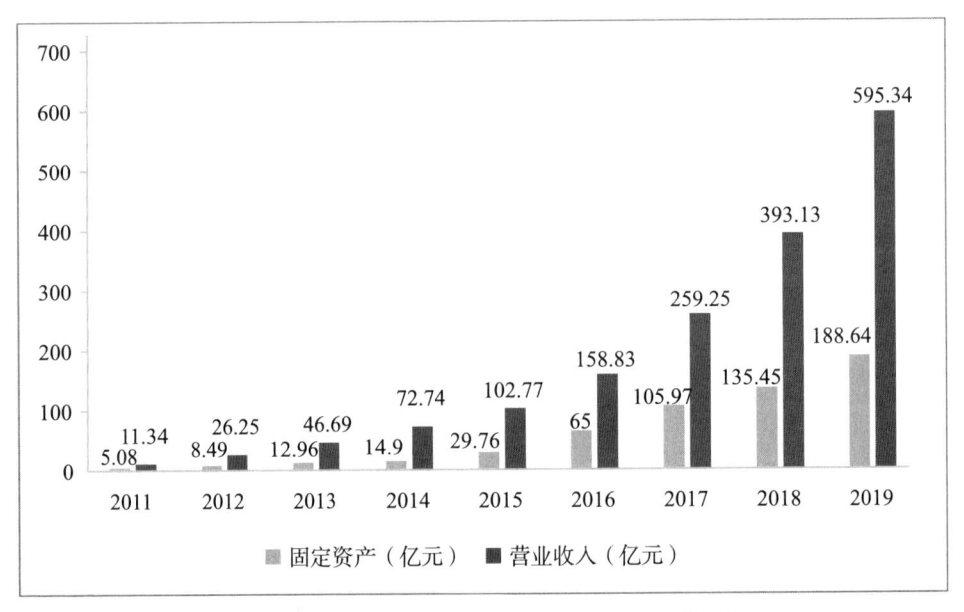

图 3–20　2011—2019 年牧原股份的固定资产和营业收入

数据来源:牧原股份的财务报告。

假设 2019 年后，牧原股份不再新增固定资产，只是维持现有固定资产水平，如果按照 2018 年的折旧周期，并维持现有固定资产与营业收入的比例，那么当现有固定资产全部折旧完成，能够贡献的营业收入约为 3320 亿，可贡献的利润约为 664 亿，结合已经实现的 120 亿元利润，可以计算出牧原股份固定资产投资的年化收益约为 27%。当然，上述计算过程是一个简化的过程，实际情况可能有很多其他复杂的变化，但无疑的是，对固定资产的投入能够为企业带来相当可观的利润。除了固定资产外，牧原股份还有几个部分的投资也都是比较固定的，例如销售和管理费用之和占营业收入的比例长期稳定在 4% 左右，生产性生物资产占比为 6.7% 左右。

之所以要做上述的投入产出分析，是因为这可以让我们站在管理层的角度去思考以下一些问题。第一，虽然养猪听起来是一门比较普通的生意，但是规模化养猪的投入的确能够带来很可观的收益；第二，虽然猪价会有周期性波动，但从长期来看，这种周期性是比较稳定的；第三，这门生意各项的投入比例是相对比较稳定的，不会出现比较大的波动；第四，公司选择的商业模式的确需要投入巨大的资金。对一门需要融资的生意而言，最需要审视的部分就是它的确定性大不大，确定性越大的生意，融资杠杆就会越高，杠杆可能引发风险的概率就越小。

我们接下来看一下牧原股份的负债情况。如图 3-21 所示，从上市以来，牧原股份不断提高短期负债的占比（从 2014 的 76.00% 提升至 2019 年的 85.80%），同时不断压缩长期负债的占比（2019 年下跌至 14.20%）。一般情况下，长期负债的成本更高，而短期负债的成本相对更低，如果资金滚动顺利，短贷长投本身就可以带来一定的利息优势。

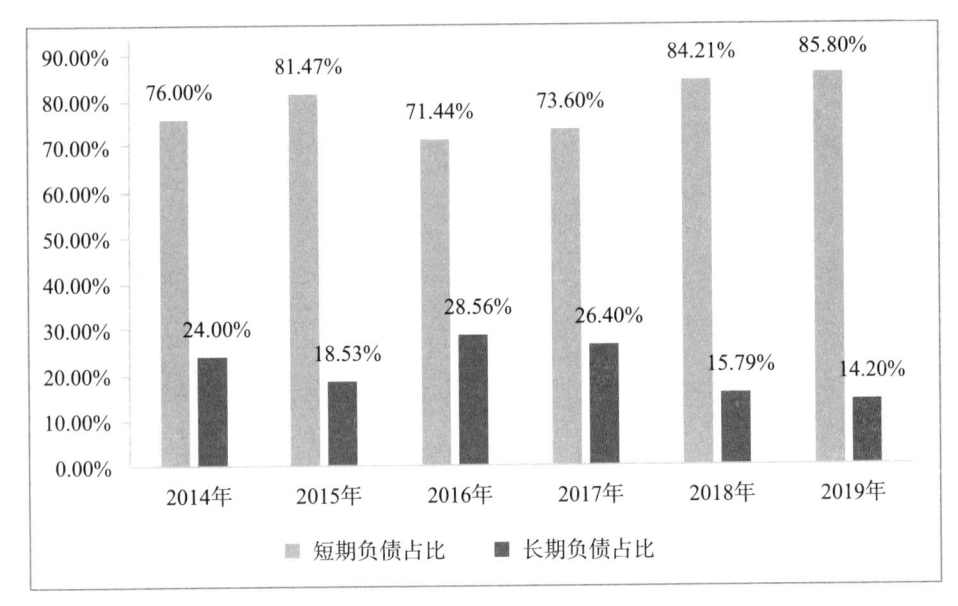

图 3-21 2014—2019 年牧原股份的负债

数据来源：牧原股份的财务报告。

这一点从牧原股份的财务费用占比也可以体现出来。如图 3-22 所示，自上市以来，牧原股份的财务费用占比就呈现下跌趋势（从 2014 年的 3.96% 下降至 2019 年的 2.61%）。就是说，随着业务量的快速增加，虽然负债有所增长，但财务费用却是逐年下降的。也就是说，牧原股份在融资结构上做了优化。

金融杠杆的飞轮效应

那么，牧原股份具体增加了哪些短期负债，从而提升了整体负债中短期负债的占比，从而起到压缩利息成本的效果呢？在短期负债中，占比变化比较大的是应付款占比，而应付款、应付票据大部分都是对上下游供应商资金的占用，一般情况下，这一比例可以说明企业在产业链中的话语权，这个比例越高，说明企业的话语权越强。虽然这个比例随猪价变化有一定的起伏，但从趋势上来说，牧原股份的应付款占比还是不断上升的（从2014年的16.58%提升至2019年的52.37%），如图3-23所示。

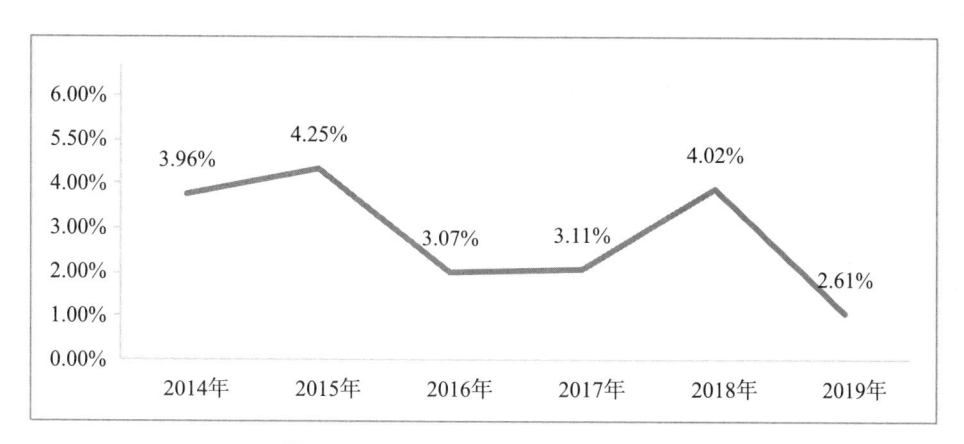

图3-22　2014—2019年牧原股份的财务费用

数据来源：牧原股份的财务报告。

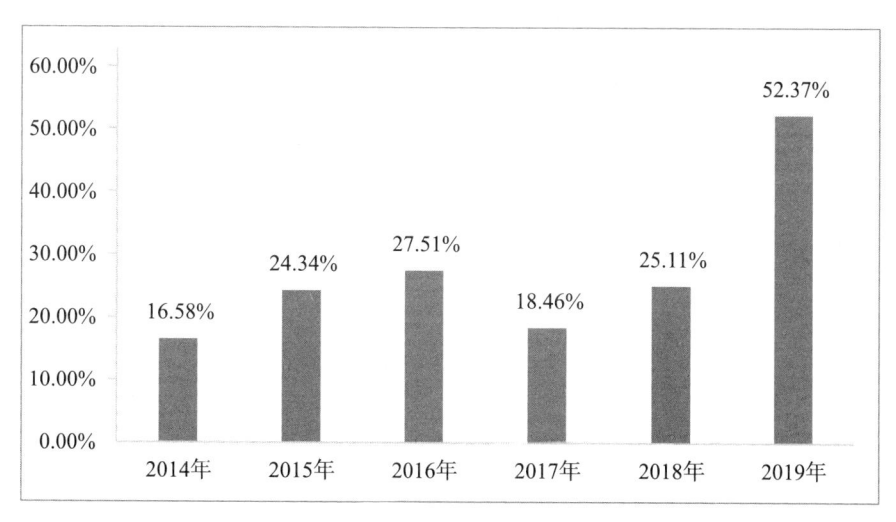

图3-23　2014—2019年牧原股份的应付款占比

数据来源：牧原股份的财务报告。

产业链的话语权最终是由企业的体量决定的，谁的体量大，谁就有话语权，这一点恰恰体现出了牧原股份采用的模式的优势。由于完全是"自繁自养"，所以随着规模的不断上升，公司就可以通过集中采购来不断压低财务成本；反过来，财务成本降低又能够将使资源继续投入生产，带来更多的量，从而形成一个良好的循环，正如一个飞轮一样，只要转起来就能持续地带来财务上的正循环。这也是融资结构所构建的交易护城河：财务成本降低优化了成本结构，改善了交易结构，进而降低了交易成本。

同时，在通过金融杠杆拓宽交易护城河的基础上，牧原股份的融资手段非常多元化，特别是在上市之后很好地利用了这一优势，积极扩展公司的融资渠道。近几年，公司通过超短期融资募资44亿元，利率在5%左右。2019年2月，公司通过发行公司债募集了8亿元，利率在7%左右，9月又通过非公开发行股票募资近50亿元，取得了银行授予的综合信用额度145.92亿元。公司还在2018年发行了24.6亿元的优先股，获得了10亿元额度的绿色债券发行批文，获得了20亿元额度的中期票据批文。多样化的融资渠道对牧原股份的快速融资起到了重要的作用，这一点通过财务报表中的融资性现金流入值就可以看出。如图3-24所示，牧原股份的筹资现金流入从2014年的22.45亿元迅速增长至2019年的242.55亿元，增长了10倍有余，而这些年的营业收入增长不到10倍，这说明牧原股份后续的发展动力依旧十足。

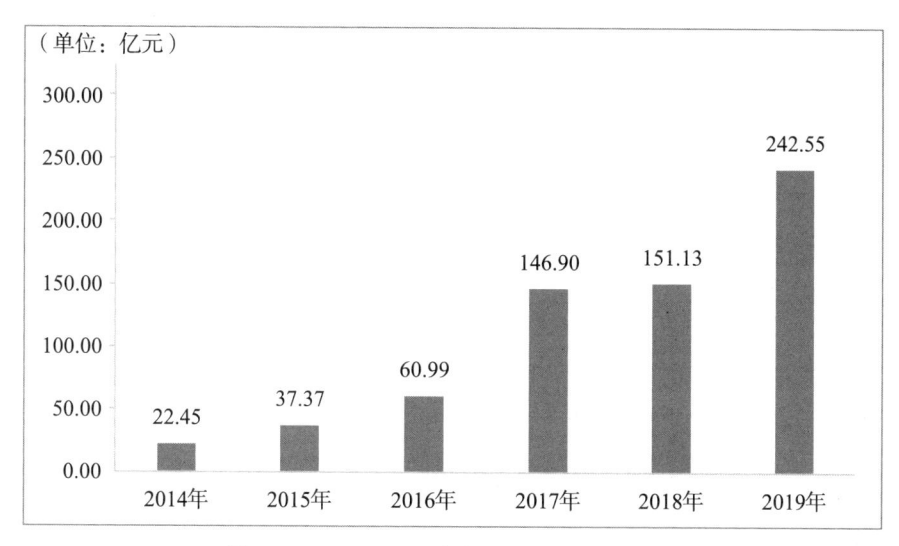

图 3-24 2014—2019 年牧原股份的筹资现金流入

数据来源：牧原股份的财务报告。

除了上述相对常见的融资方式之外，牧原股份还利用行业的特点（即紧密联系农村，能够解决农村人口的就业问题），创造出了"5+"模式和"3+"模式。所谓"5+"模式，是指"政府+金融机构+龙头企业+合作社+贫困户"五方合作，地方政府组织建档立卡，贫困户入股成立专业合作社，政府和牧原股份担保增信，贫困户向国开行、农商行等金融机构申请扶贫贷款后，将贷款资金委托合作社统一管理，合作社按照牧原股份的标准和要求建设规模化生猪养殖体系和辅助设施，牧原股份向合作社租赁资产，从事生猪养殖并定期支付租金，合作社收到租金后支付贷款利息并向社员分配收益，牧原股份承诺贷款到期后回购资产，并归还贷款本金。所谓"3+"模式，是指"龙头企业+金融+资产（股权、有形资产）"三方合作，结合农村集体产权制度改革，支持贫困村成立集体股份经济合作社，增加贫困村集体收入，确保贫困村有实力组织和发展富民支柱产业。一方面，牧原股份通过这种模式成功地降低了表内的杠杆率；另一方面，牧原股份只需要按照年化 6% 的比例向合作社支付费用，这比市场上很多融资渠道支付的利息要低，最后在贷款周期结束之后，牧原股份会收购猪舍，收购的价格并没有对外公布，但一间猪舍的使用年限肯定比贷款周期长很多，而且折旧也偏保守，所以牧原股份还可以从这一项上有所获利。

以更低的成本转动更多的资金量，同时契合行业周期特点，这是牧原股份模式交易结构上非常独到的设计。融资结构的内部都是正循环效应，也就是说对于牧原股份而言，安排的融资越多，对之后的融资越会起到正向助推作用，从而强化牧原股份的规模效应，进一步降低成本。这种设计既维持了经济护城河的成本优势，同时也降低了交易成本，换句话说就是提高了交易价值，同时又降低了交易成本，因此收益获取上肯定有优质的表现。这是护卫牧原股份成为"最会养猪"的公司，而不是由价格持续上涨风吹起的"风口上的猪"的护城河。养猪背后的金融融资模式也是牧原股份持续建立结构性竞争优势的秘密。牧原股份的护城河如图 3-25 所示。

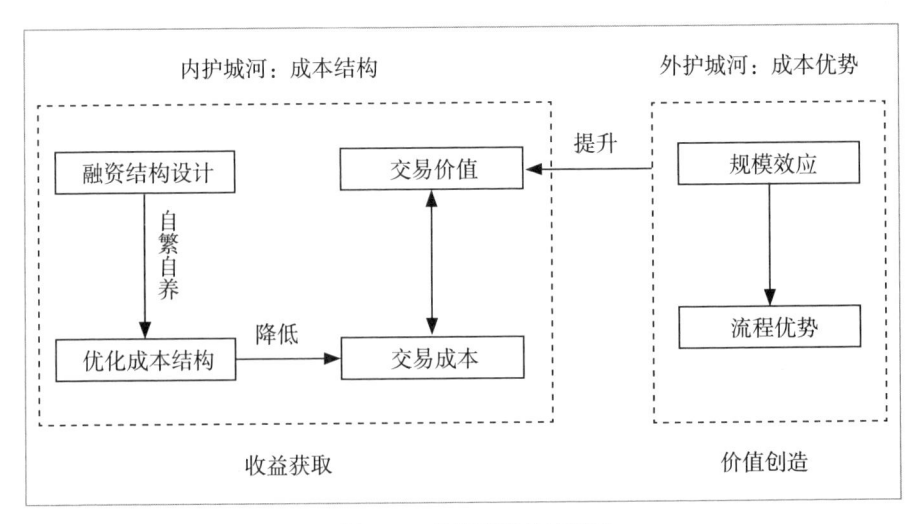

图 3-25 牧原股份的护城河

渠道结构

【案例6】中国国旅的护城河守卫战

随着人们物质文化生活的不断丰富，旅游成了最重要的休闲活动之一，也推动了一个产业的诞生。现代旅游业诞生于19世纪，在20世纪得到了前所未有的发展。特别是第二次世界大战以后，旅游业获得了相对和平和稳定的发展环境，迅速成为一个新兴产业。20世纪60年代以来，全球旅游经济增速总体高于全球经济增速，旅游业逐渐发展成为全球最大的新兴产业，甚至已经超过石油和汽车工业，成为世界第一大产业。

随着我国全面建成小康社会计划的持续推进，旅游已经成为人们日常生活的重要组成部分，我国进入了大众旅游时代。2019年，国内旅游市场持续高速增长，全年累计实现总收入达到6.67万亿元，国内旅游人数突破60亿人次。

产业的发展必定带动行业内企业的发展，中国国旅（以下简称"国旅"）就是在这样的大趋势下抓住了发展机遇，10年间业务量翻了10倍，股价也涨了10倍，利润增长了近20倍。在快速发展的背后，除了抓住了行业的"势"，国旅有什么样的护城河守护其持续快速发展呢？

网络效应：无处不在的旅行社渠道

大街小巷无处不在的旅行社曾是国旅业务的基石，也是帮助其筑起护城河的堡垒。国旅成立于1954年，是新中国第一家可接待海外游客的旅行社，也是第一批获得国家特许经营出境旅游的旅行社。成立近70年来，国旅已经在境外设立了18家全资控股企业，在全国26个省、自治区、直辖市，34个城市拥有43家全资、控参股子公司，1700余家门店网点，与全球1400多家旅行商建立了长期稳定的合作关系，并且在美国、日本、澳大利亚、德国、法国、丹麦等国家和地区设立了多家海外子公司，在世界范围内形成了一个广阔的旅游销售网络。立足国内、放眼全球的实体网络资源优势为国旅获取客源提供了重要保证。同时，国旅依赖遍布世界各地的渠道，培养了一大批高素质的业务人员和管理队伍，已经形成了一个业务熟练、经验丰富、语种齐全、具有高应变能力，并且能够适应新市场需求的人才团队。凭借渠道网络的优势，国旅现已发展为国内规模最大、实力最强的旅行社企业集团，累计招揽、接待海外来华旅游者1000多万人次。"CITS"已成为国内顶级、亚洲一流、世界知名的中国驰名商标，在世界60多个国家和地区通过注册。

国旅总社主要负责国旅旗下的旅游板块。在渠道优势的网络效应下，公司的旅游业务实现了全面多元化，主要包括入境游、出境游、国内游、会展旅游、签证服务、商旅服务、航空服务、电子商务等。针对出境游和国内游业务，国旅总社在开发出旅游常规产品和特色产品后，确定销售价格，然后通过门市部、电子商务等渠道直接将产品销售给游客，或通过国内旅行社代理商销售给游客。针对入境游业务，国旅总社作为海外旅游批发商在境内的旅游承包商，根据不同市场的特点，结合客户的需求，组合景点、餐厅、交通等旅游要素，形成报价产品或单项产品，与海外旅游批发商合作，将产品供应给旅游代理商，然后销售给海外游客。

无疑，由强大的渠道网络构建起的经济护城河，以及基于此发展起来的多元化旅游业务，共同促进了国旅的快速发展，使其成为中国最大的综合旅行社服务商之一，连续十多年蝉联中国旅行社百强第一名，连续荣列"中国企业500强"中旅游业第一名。

然而，我们却惊奇地发现，虽然国旅2018年的营业总收入有470亿元，但旅游收入占比只有不到25%。更重要的是，旅游业务的毛利率只有10%，也就是说，旅游业务创造的毛利只有12亿元，而净利润只有区区3500万元左右。而且，同年，国旅的净利润接近31亿元，也就是说有30多亿元的净利润是其他业务创造的。换句话说，中国国旅现在的护城河并不是旅游业务。那么，又是什么业务支撑了这家中国最大的旅游公司的营业收入和利润呢？

免税牌照：宽广的经济护城河

说起"中国国旅"这个名字，你第一个想到的可能是遍布大街小巷的旅行社。它不仅是我国最大的旅行社之一，而且是我国最大的免税零售运营公司。"免税"这两个字才是解读它盈利逻辑的真正密码。

发现利润池：真正的经济护城河

国旅旗下主要有三大子公司，其中国旅总社负责旅行社业务，中免公司负责零售业务，国旅投资公司负责旅游综合项目开发业务。目前从业务结构看，大部分营业收入和绝大部分利润都来自商品销售业务。国旅2018年年报显示，公司商品销售业务实现营业收入343.35亿元，同比增长119.81%，而旅游业务同比增长只有0.1%，也就是说增长几乎停滞了。换句话说，国旅本质上是一家零售企业！事实上，从近几年来的业务收入结构来看，国旅主要贡献收入的业务都是零售业务。如图 3-26 所示，国旅的零售业务的比重逐年提升，2018 年达到了 73%。剔除 2018 年因为收购免税零售巨头日上的数据来看，2017 年零售收入比例接近 55%，也是占据了半壁江山。

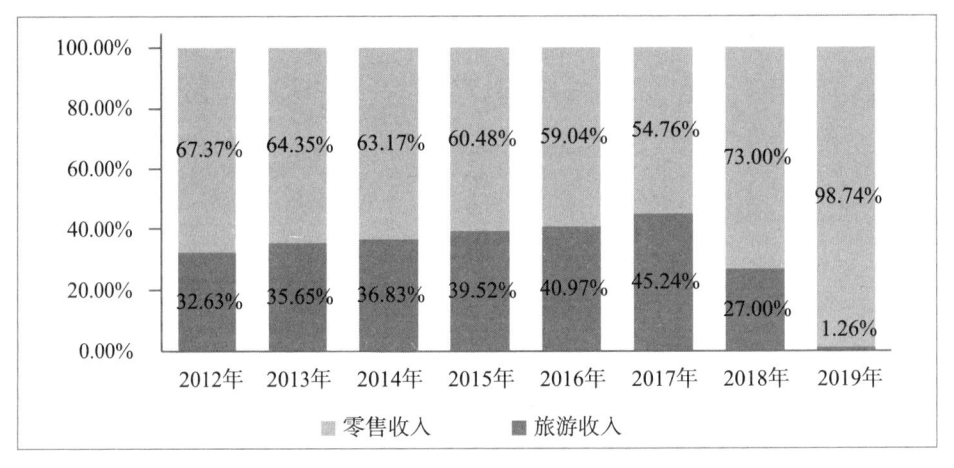

年份	零售收入	旅游收入
2012年	67.37%	32.63%
2013年	64.35%	35.65%
2014年	63.17%	36.83%
2015年	60.48%	39.52%
2016年	59.04%	40.97%
2017年	54.76%	45.24%
2018年	73.00%	27.00%
2019年	98.74%	1.26%

图 3-26　2012—2019 年中国国旅的业务结构比例

数据来源：中国国旅的财务报告。

国旅清楚地知道，如果靠提供旅游服务赚钱，那么钱将越来越不好赚。因为虽然随着人们可支配收入的增加，更多的人可能倾向选择自由行，而不是跟团游。2010 年至 2018 年，国旅的旅游服务收入增长还不到一倍，基本每年的增速都不到 10%。与此同时，商品销售业务收入的增速每年都在 30% 左右。更重要的是，零售的毛利率远高于旅游毛利率，公司近几年利润率的上升都归功于零售业务的快速增长。如图 3-27 所示，自 2014 年开始，公司的零售毛利率就开始快速增长，从 2014 年的 23.86% 增长至 2019 年的 49.40%。

	2014年	2015年	2016年	2017年	2018年	2019年
销售毛利率	23.86%	24.43%	25.07%	29.82%	41.46%	49.40%

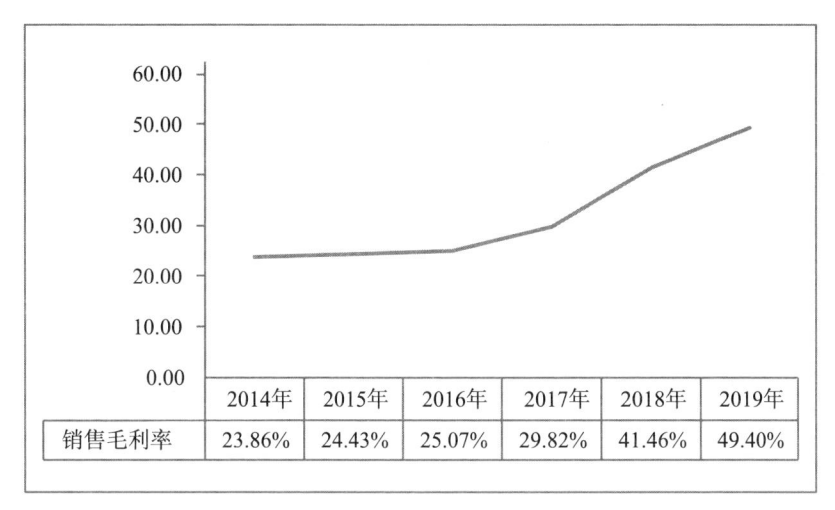

图 3-27　2014—2019 年中国国旅零售毛利率的变化

数据来源：中国国旅的财务报告。

如图 3-28 所示，国旅零售业务的毛利率一直远高于旅游业务，旅游业务的毛利率一直维持在 9% 左右，而零售业务的毛利率基本在 45% 左右，在

图 3-28　2012—2019 年中国国旅旅游业务和零售业务的毛利率对比图

数据来源：中国国旅的财务报告。

2018年更是突破了50%。事实上，国旅零售业务的毛利率也远高于普通的零售企业，比一般零售业的毛利率还要高出20%～25%。

通过以上分析，我们可以知道，国旅真正的护城河不是传统的旅游业务，而是零售业务。那么又是什么使零售业务实现了高增长，而且毛利率一直能够保持在很高的水平呢？

免税牌照成就国旅王者地位

答案是免税牌照。事实上，国旅的零售业务主要是由旗下的中免公司经营。目前，我国有七家获准在口岸和市区经营免税品业务的企业，这些企业均为央企或地方国企，而中免是唯一一家经国务院授权，在全国范围内开展免税业务的国有专营公司。免税行业是指在口岸、运输工具、市内等区域的特定场所，向出入境旅客提供免税商品销售服务的旅游服务行业。免税商品减免的是进口关税和进口环节征收的增值税和消费税，常见的免税商品主要包括香水、化妆品、烟草、酒水、食品、精品及各类奢侈品等。

中国免税商品销售业务实行垄断经营和集中统一管理，而国旅旗下全资子公司中免公司独家拥有全国性免税牌照，独享政策红利，因此免税业务成为其业绩增长的主引擎。中免公司在全国30个省、市、自治区（包括香港特别行政区和澳门特别行政区）设立涵盖机场、机上、边境、外轮供应、客运站、火车站、外交人员、邮轮和市内九大类型的200多家免税店，已发展成为世界上免税店类型最全、单一国家零售网点最多的免税运营商，拥有目前全球最大的免税商业综合体，并建立起全国唯一的免税物流配送体系。

因独特的央企背景，目前国旅已拥有国内出入境免税、离岛免税、离境市内免税等全方位牌照，这些牌照成为其不断扩展免税版图的铺路石。事实上，从2009年登陆A股后，聚焦免税成为国旅转型的核心靶向。作为必须具备免税牌照才能经营的特殊零售，相对于旅游服务业务近几年来不超过10%的超低毛利率，国旅的免税业务表现出高毛利的特点。在业务重心转移之后，国旅的净利润规模从2009年的3.13亿元增长至2018年的近31亿元，市值累计增长16倍，成为中国"免税王者"。由此可见，作为重要的无形资产，具有稀缺性的牌照才是国旅业务持续发展的护城河。

夯实护城河：收购和剥离

手持"王牌"的国旅在尝到甜头后，选择继续押宝免税行业。随着旅游产业的不断升级、各国出入境人数的逐年增加以及旅客购买力的大幅增长，近年来，免税行业得到快速发展，并以极具诱惑的产品价格吸引全球游客购物消费，这大幅增加了旅游全产业链的收入，提高了旅游目的地的活力和吸引力，对拉动目的地城市各产业的发展作用明显。为了持续夯实免税业务的护城河，中免分别于2017年和2018年收购了日上中国和日上上海，成为免税行业的绝对龙头，市场占有率达到了80%，开启了免税新征程。这也意味着中国绝大部分免税资源已被中免纳入囊中。完成这次收购后，国旅的业务结构进一步优化，资产负债率有所降低，毛利润率、净利润率水平都有大幅提升。2018年，国旅商品销售业务实现营业收入343.35亿元，同比增长119.81%，毛利率为52.24%；归属于上市公司股东的净利润30.95亿元，同比增长22.29%，主要原因是报告期内，公司通过收购日上上海、巩固优化现有离岛免税业务以及开展首都机场和香港机场免税业务产生了173.23亿元的收入增量。

2019年以来，国旅持续推进剥离＋整合免税业务的发展战略。首先，国旅于2019年2月将旅游业务剥离，目前主业已经完全聚焦于旅游零售的发展，这已成为国旅业绩强劲增长的核心驱动力。整合方面，国旅中标北京大兴机场免税经营权，免税版图继续扩大；而在离岛免税方面，计划投资128.6亿元投资建设海口免税城，希望进一步深挖海口免税市场潜力，再造一个三亚国际免税城。

牌照稀缺的背景之下，手握免税牌照的国旅占尽了旅游业的红利，牌照优势一直是国旅被看好的重要因素。但与此同时，具有垄断性质的特权经营本身就存在受政策影响比较大的风险。这样单一的护城河，是一劳永逸还是悬顶之剑？实际上，在国内免税消费跨入增量新时代后，国家将放开牌照资源的声音不断，国旅的股价也因此多次下跌。如果传言发放更多免税牌照属实，就意味着牌照的稀缺度和含金量下降，壁垒被打破之后意味着更多竞争。免税业务说到底就是一个"卖东西"的生意，在技术和服务上的门槛并不高，这种同质化的服务开始竞争之后，国旅就再也难以实现高利润。那么我们不禁会问，牌照之外，国旅还剩什么？没有了牌照的优势，国旅的护城河是否会崩塌？

稳固的堡垒：看不见的交易护城河

上文已经分析了国旅的护城河是其牌照垄断，同时行业发展空间大和发展速度非常快也促进了国旅快速的发展。此前很多文章关注的是牌照垄断被打破的可能性有多大，我们认为与其分析这种可能性，倒不如来分析一下如果放开了牌照垄断会发生什么。

中免拥有超过200多家的免税店，这些免税店大致可以分为出入境、离岛和市内三种类型。免税业务本质上说是一种特殊的零售，除了这个差异之外，它与其他类型的零售有很多共性，我们先从与传统零售差异最小的市内免税店说起。自2019年上半年开始，中免逐步恢复了五大城市（上海、北京、青岛、大连和厦门）市内店的运营。就像任何一家超市在线下开店一样，中免在线下也会找到一处物业，以固定租金或扣点的形式与物业所有方签订租赁合同，在装修之后派人员入驻并销售商品。

苏宁、国美或一般超市等零售体与物业签订的合同往往会比较长久，除非经营不善，它们大多数都会选择在到期之后与物业续约，原因有三点：（1）这类零售体可以为物业带来比较稳定的流量支持，帮助物业提升其他相关业务的盈利能力；（2）合作伙伴的稳定性得到了验证，而新合作伙伴的关系存在不确定性。

接下来，我们回到我们提出的问题：如果放开了牌照垄断会发生什么？

渠道结构筑牢护城河

我国国内免税主要包括出入境离境免税（含市内免税）和离岛免税两种模式。2018年，出入境离境免税的市场规模达294亿元，其中国旅旗下的中免占据了83%的市场份额。由于市内免税是最近才逐步开放的项目，所以294亿元中的大部分是由出入境免税贡献的。出入境离境免税一般采用扣点的模式与机场合作，而市内免税一般采用租赁物业的形式，即支付固定的租金给物业。对机场而言，这是比较有利的，既有保底收入，又有弹性收入。以首都机场、白云机场、上海机场等一线城市机场为例，近年来，它们的非航收入普遍占比 50% 以上。

目前，我国的免税市场可以说是国旅旗下的中免一家独大，而其他国家的免税市场的格局主要是寡头竞争。以韩国为例，2018 年，韩国免税销售额为 172 亿美元，占全球 25% 的市场份额。这 172 亿美元主要被乐天（39%）、新罗（22%）、新世界（16%）三家瓜分。如果我国放开牌照，那么很可能只有那些资金实力的综合集团才能够进场经营。对机场方而言，这些新进者虽然可能不会出现无法兑付保底金额的情况，但能否像中免一样实现稳定的销售收入则是一个巨大的问号。

也就是说，从商业逻辑上就可以看出，即使开放免税市场，让现在的竞争格局从独大变为竞争，也并不会对中免的地位有实质性的影响，这与中免和渠道方机场的合作方式有巨大的关系。另一方面，为了防止有可能开放竞争的局面，中免的扩张更多的是采取收购的方式（与地方政府合作），而打破这样的合作关系需要付出巨大的代价。新进者想要打破这样的合作关系同样也会非常艰难。

综上，即使面对开放和新进者，国旅的渠道绑定也依旧会使其处于优势地位。在牌照这条护城河后面，还有一条渠道结构的内护城河。

供应链管理巩固交易护城河

我们换一个角度去思考这个问题。如果在放开竞争之后，机场选择放弃与国旅的合作会是什么原因？根据上文的分析，我们不难看出只有一种情况会诱发上述问题发生，就是国旅自己的免税业务增长不足甚至下滑，无法给机场带来稳定的利润。

无论是世界零售巨头沃尔玛还是国内线下零售巨头苏宁易购，它们的崛起都离不开对供应链的出色管理。作为整条供应链的主导企业，这种管理主要体现在对自身供应链体系中的成员企业的作业流程进行控制和引导，从而实现供应链体系的高效率和低成本。如图3-29所示，我们可以从国旅的招股说明书中看出，中免大部分产品都是其直接与厂商洽谈采购的，只有小部分是通过中间商采购的。

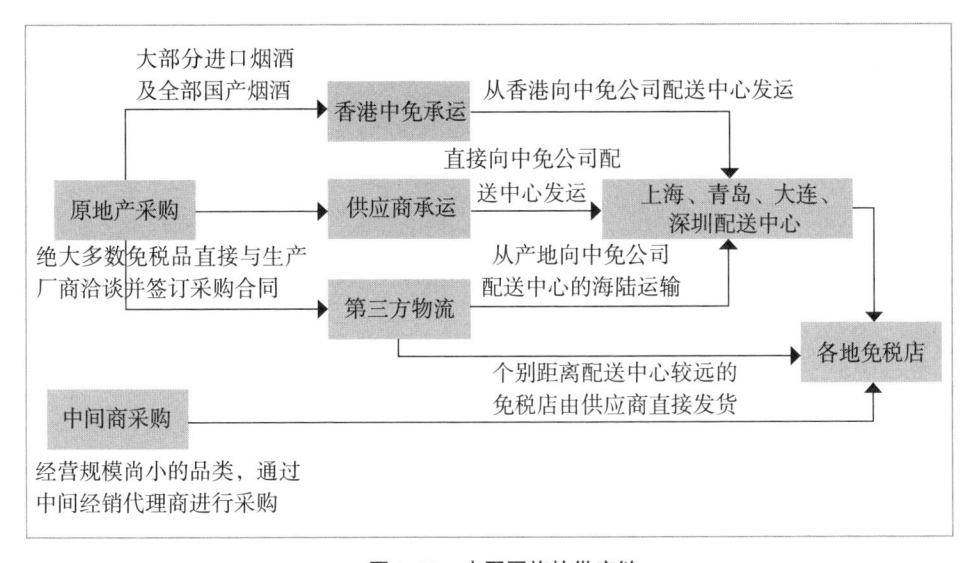

图 3-29 中国国旅的供应链

图片来源：中国国旅的招股说明书。

与传统零售相比，中免在供应链上的差别主要体现在：（1）依靠先进的物流系统和智能化物流化设备，引入仓库标准化和6S管理理念；（2）主动与深圳海关携手合作，建立全方位视频动态监控系统，建成对免税商品进销存一体化监管的免税监控中心；（3）构建了"封闭式监管仓库+电子信息围网+视频监控"的全方位立体式免税品仓库监管模式。

无论是海免、深免，还是珠免，它们都受制于规模过小，而很难对供应链效率进行提升，从而导致商品的种类和价格都不具有竞争力。特别是海免，在拥有绝对政策的情况下，业绩也不是很理想。香化和精品是免税销售的主力，但在这些主力领域，上述免税体系无论是在品牌数量上还是品类丰富上都缺乏合理规划，并缺少本土特色商品，而且即使它们洞察到在品牌上需要做调整，也很难随着时时变化的市场情况做出快速反应。

中免在整合了日上后，营业收入在2018年增至470亿元，营业收入的大幅上升带来的直接好处就是对上游供应链的议价能力上升，这就使供应链体系得到了进一步优化，提高了其对上游供应商的管理能力。对于这一点，我们通过国旅的销售毛利率就可以看出，从2010年开始，国旅就在不断整合供应链，初期的销售毛利率只是小幅上涨的趋势，从2010的18%到2016年的24%，近几年随着收购日上的成功，销售毛利率攀升至41%左右。

国旅的供应链整合同样是一个不断上升的正循环。之所以说是不断上升，是因为我国免税市场的发展仍会保持快速的势头，这是由市场决定的；之所以说是一个正循环，是因为国旅的供应链整合采用的是以规模效应推动的方式，其营业收入越高，对上游的议价能力就越强，从而使其销售毛利率不断上升，而上升的销售毛利率又会帮助国旅给各个机场渠道带来更加客观的利润，从而使其与渠道更牢固地绑定，并加强合作。

综上，我们可以看出，国旅虽是我国旅游行业的巨头，但其核心业务却是零售业务，而零售业务的护城河就是免税牌照。这是一条看得见的经济护城河，这条护城河的背后还有业务发展过程中建立起来的高度绑定的渠道结构和供应链结构，这是看不见的交易护城河，如图3-30所示。这两条护城河，一内一外，共同护卫着中国国旅的城堡。

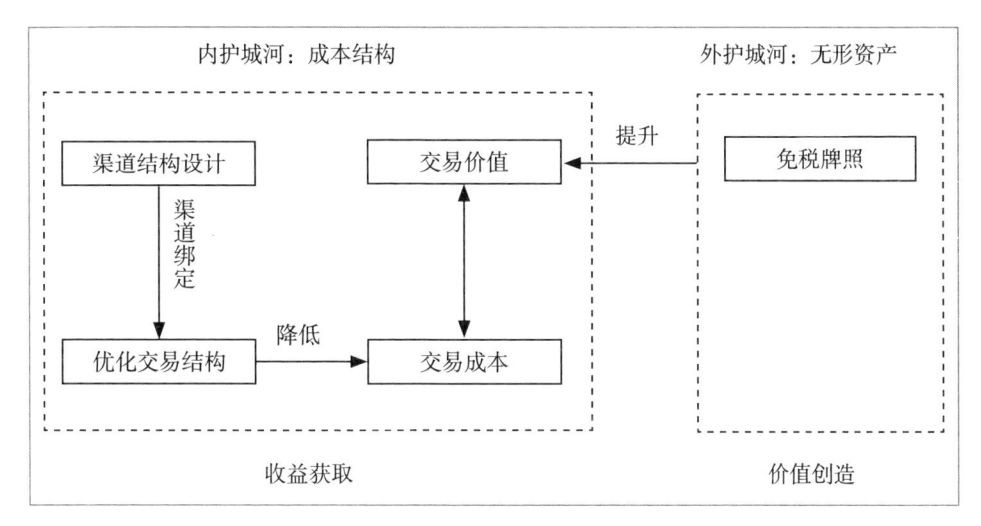

图3-30 中国国旅的护城河

【案例7】渠道结构：格力电器的护城河

格力电器的外护城河

很长一段时间，"格力，掌握核心科技"都是格力电器（以下简称"格力"）的广告语，但很多人会问：格力的核心科技究竟是什么？2018年，格力的空调产量为5055万台，是美的的1.3倍，海尔的4.2倍，占全球空调总产量2亿台的1/4，生产规模居全球首位。对格力而言，成本控制能力和技术研发能力是其经济护城河；同时，基于科技实现的"好空调，格力造"的价值主张让品牌深入人心，这是其品牌资产护城河。

无可复制的成本优势

格力通过产业链的纵向整合来控制成本。在空调成本构成中，压缩机和电机分别占 33% 和 11%，属于空调的核心零部件，其中压缩机更是空调的"心脏"，压缩机的性能决定了空调产品的品质。格力的纵向产业链很完善，是国内为数不多的拥有自配套压缩机和电机的空调生产商家。它收购了珠海凌达压缩机有限公司（压缩机生产商）、珠海凯邦电机制造有限公司（电机生产商）、珠海格力电工有限公司（漆包线生产商）、珠海格力新元电子有限公司（电容器生产商）等空调核心零部件生产商，实现了空调产业链的纵向整合。

表 3-2 展示了格力、美的、奥克斯主要的空调零部件采购公司及它们在这些公司的持股比例。我们可以看到，格力在压缩机和电机两项空调最核心部件上均实现了 100% 控股，从控制权意义上真正实现了"掌握"核心科技。

表 3-2 格力、美的、奥克斯主要的空调零部件采购公司及它们在这些公司的持股比例

公司名称	压缩机采购公司	电机采购公司
格力	凌达（100%） 海立（7.83%）	凯邦电机（100%）
美的	美芝（100%）	威灵电机（美的部品事业部）
奥克斯	美芝（0%） 海立（0%） 松下（0%）	威灵电机（0%）

其次，格力首创了定额领料与落地反冲模式，即生产物料闭环管理系统，

以实现降低损耗。该系统包括齐套排产、定额配送和反冲结算三个核心环节，对生产物料进行全流程的系统化、规范化、高效化的管理，效果非常显著，缺料停线比项目开展前下降72.5%，物料损耗率比项目开展前下降90%。

最后，格力通过"甲供"控制上游，进一步获得成本优势。格力自己采购原材料，给上游的配件生产商供货，上游生产商生产完产品再交付格力，这个过程被称为"甲供"。由于格力的产销量最大，并且渠道压货维持了产销量的稳定，因此格力"甲供"的单位合约成本是最低的，进一步筑起了成本优势壁垒。

如图3-31所示，2012年格力的毛利率赶超了同行业其他对手，之后，其毛利率长期稳定在30%以上。而造成毛利差距最重要的原因就是生产技术，这恰恰是格力优势的数据体现。

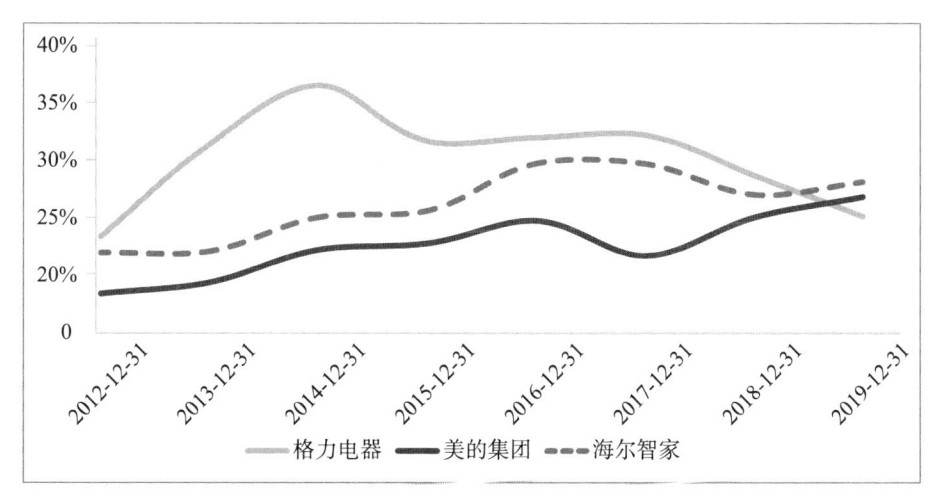

图3-31 2012—2019年格力电器、美的集团和海尔智家的毛利率对比图

数据来源：上市公司财务报告。

颇具厚度的专利技术

作为全球空调行业的"霸主",格力的家用空调产销量自 1995 年起连续 22 年位居中国空调行业第一,自 2005 年起连续 12 年领跑全球。空调领域的"双料冠军"是格力一直坚持自主创新,在技术上厚积薄发、水到渠成的结果。

格力高度重视自主研发,近年来持续加大研发投入,掌握了除空调芯片以外制造空调所需的全部核心技术。一旦自主研发空调芯片设计技术成功,就将进一步提高公司的综合竞争力、在空调行业的话语权以及成本管控能力。具体来说,2004 年,格力率先开始自主研发生产空调的"心脏"——压缩机;2009 年,获批建设"国家节能环保制冷设备工程技术研究中心";2013 年,成立自动化技术研究院,开始进入智能装备领域;2015 年,研发百万千瓦级核电水冷离心式冷水机组,实现了我国自主品牌零的突破;2018 年,自主研发了高性能伺服电机及驱动器,整体达到国际先进水平。另外,格力还拥有全球最大的空调研发中心,拥有 4 个国家级研发中心、14 个研究院、900 多个实验室和近 1.2 万名研发人员,持续加码研发投入,研发经费按需投入、不设上限。截至 2018 年,格力已累计申请专利 4.9 万项(2018 年当年完成专利申请 1.37 万项,其中发明专利占比达 54.53%),发明专利申请量行业领先;发明专利授权量 1834 项,全国排名第六,连续三年进入国家知识产权局发布的国内企业发明专利授权量前十,是唯一入围前十的家电企业。格力在空调技术研发领域的投入与较高的专利质量成了格力"掌握核心科技"的坚实基础。

实现技术领先的直接原因体现在格力的研发费用率上。如表 3-3 所示,格力的研发费用率高于竞争对手。然而，美的、海尔的产品线相对更加丰富，格力的产品线却相对集中，在单一产品线上，格力的投入金额的绝对值超过了美的和海尔，这更加说明格力对技术的重视程度。

表 3-3　格力电器、美的集团和海尔智家的研发费用、营业收入和研发费用率

公司	研发费用（百万）	营业收入（百万）	研发费用率
格力电器	6988.3683	198 123.1771	3.53%
美的集团	8377.2010	259 664.8200	3.23%
海尔智家	5080.6045	183 316.5602	2.77%

在第 20 届中国专利奖颁奖大会上，格力获得 12 项专利大奖。其中，格力自主研发的光伏直驱系统及其控制方法获中国专利金奖，成为空调行业迄今唯一获得专利金奖的技术。如今，尽管市场竞争异常激烈，但"掌握核心科技"的格力却发展势头依旧迅猛，不仅出口保持稳定增长，利润也在行业内遥遥领先。

拥有定价权的品牌资产

格力的自主品牌产品已远销 160 多个国家和地区，用户超过 4 亿。2017 年，格力家用空调全球市场占有率达 21.9%，已连续 13 年世界第一。2018 年发布的中国品牌价值百强榜显示，上榜品牌的总品牌价值高达 56 578 亿元，其中格力以 687.53 亿元的品牌价值位列家电行业之首。伴随着技术厚度的加持，近年来，格力的品牌影响力不断提升，在 2006 年获得"世界名牌"称号，成为中国空调行业第一个也是唯一的世界名牌后，又被国家商务部授予"最具市场竞争力品牌"。它还入围全球 500 强企业阵营，位居福布斯全球 2000 强，排名家用电器类全球第一位。

众所周知，品牌的建立并非朝夕之功，尤其是在功能需求定位清晰且不存在变革性技术的行业中，品牌的先发优势更难被超越。因此，优质品牌资产也拓宽了格力的护城河。具有品牌资产最大的好处就是拥有定价权，在这方面，格力和苹果手机类似，虽然你知道它的零部件就值多少钱，但它就是要多卖数倍的钱，你还是要买它，这就是品牌溢价。为了衡量公司的毛利率，需要将其与同行比较，毛利率比同行高很多的企业属于业内强者。我们从前面的毛利率分析也可以看出，格力的毛利率长期高于行业水平，且明显高于美的集团。这意味着它的产品或服务具有很强的竞争优势，且替代品较少或替代的代价很高。格力依托产业链较强的议价能力，同时不断通过技术创新、扩大高端产品占比，毛利率水平长期处于高位。同时，格力高于竞争对手的应收账款周转率以及低于竞争对手的应付账款周转率都明确地指出其拥有对上下游极强的资金占用能力。当它向上游零部件厂商购入产品时，可以先货后款；而当它向下游经销商卖出产品时，则以先款后货的形式为主。这充分体现了格力品牌资产的巨大号召力。

综上分析可以看出，格力一直在坚守制造业，夯实国家工业基础，提出"让世界爱上中国造"的新目标，现在已经进入高速多元化发展的新阶段，从一个年产不足 20 000 台空调的小厂发展成一家销售空调、冰箱、洗衣机、工业机器人等多种产品、年营业收入超过千亿元的现代化创新型企业，且后续发展潜力还很大。积极响应国家建设"制造强国"的格力必将扛起中国制造走向世界的大旗，未来很多领域很有可能厚积薄发。从商业上看，毫无疑问，格力创造了巨大的交易价值，那么它有没有形成很高的收益获取呢？我们知道研发上的投入、技术上的深耕和品牌上的打造都需要很高的营销费用，这也大大提高了企业的成本,格力又是如何守护自身的交易价值,优化交易结构,降低交易成本,最终实现持续的收益获取呢?

渠道结构:格力电器的内护城河

渠道结构发展史

格力的渠道管理制度是其在拓展渠道过程中的创举。

如表 3-4 所示,格力的渠道结构发展历经以下五个阶段。

表 3-4　　　　　　　　格力电器的渠道结构发展的五个阶段

时间	阶段	特征	弊端
1991—1994 年	推广阶段	依赖销售个人力量	先货后款,应收账款多,现金流紧缺。销售人员工资高于研发人员,不利于公司长远发展
1995—1997 年	大户阶段	依赖大型经销商	存在大户之间恶性竞争和商大欺厂现象
1997—2003 年	联合代理阶段	整合大型经销商	一级经销商压低二、三级经销商的利润,利用渠道销售其他品牌产品
2004—2013 年	自建专卖店	区域销售公司整合 铺设终端销售环节	专卖店成本较高,且需要面对电商冲击
2014 年至今	全渠道阶段	积极拓展全渠道	线上线下一体化,巩固私域流量

我们来具体分析一下。

1991—1994 年,销售员推广模式。当时由于空调价格较高,70% 的客户为社会集体、机关、企业等,而且当年国内零售渠道还处于发展初期,渠道百货商场为主,导致产品销售以推广模式为主。在这个阶段,格力主要依靠以销售人员的个人能力进行推销,业绩激励以提成为主,销售基本通过赊销完成。由于赊销的先货后款模式，使得格力的经营现金流一直处于紧缺的状态，公司财务存在不小的风险。而且在此期间，格力的收入增长除了来源于当时行业的高成长，还来源于销售人员的个人贡献。由于高额的业绩激励，使得在此模式下，销售人员的工资远高于研发人员，不利于格力内部各部门的平衡稳定。1994年后，家庭作为空调新需求端快速崛起，行业需求的快速发展，导致销售人员单凭个人力量已经无法满足快速扩张的市场。加上格力对于推广模式的弊端以及可持续的衡量后，于1994年降低个人业绩提成比例，导致销售人员的"集体辞职"事件。这也促使格力进行渠道结构的调整，转向大客户经销商模式。

1995—1997年，大户经销商模式。对于赊销模式的弊端，董明珠女士坚持"先付款后发货"的原则，通过绑定大户进行产品销售，1994年在江苏销售1.6亿元，占当年格力电器营业收入的14%以上，区域大户模式崭露头角。大户阶段期，公司与各地大型经销商合作，采用基于一级分销商来开发二、三级分销商或零售商的营销体制，使得公司品牌力迅速成长，知名度快速提升，并坐稳行业龙头地位。由于空调行业具有明显的淡旺季区别，公司营收稳定性以及淡季现金流紧缺都是重要问题。通过实行淡季返利模式解决了上述问题，为公司的长期发展提供了资金保障。

1997—2003年，联合代理模式。大户经销商模式的弊端越来越明显，1996年在湖北的四家经销商为了抢占市场份额进行恶性竞争，降价、窜货对格力空调的市场价格造成了不利影响。为应对此状况，1997年格力与湖北经销商联合，成立湖北销售公司，即多家大户一起成立专营格力的股份制销售公司。以公司主体进行统一定价出货给二、三级经销商，最终统一享受销售公司的分红利得。至此以资产为纽带、格力品牌为旗帜、互利双赢的联合代理模式出现。该模式实现了统一渠道、统一网络、统一市场、统一服务的独特专业化销售道路。在联合代理模式下大户之间形成利益共同体，防止了内部消耗，原有销售网络质量得到提升。但是在联合代理模式下，一级经销商自治权太大，公司对其监管有限，导致二级及以下经销商得不到合理的利益，还出现利用格力渠道销售其他品牌产品的情况。对此，格力集团在2001年于湖北成立"湖北新兴格力电器销售有限公司"取代湖北格力销售公司，负责对湖北地区的市场进行监管，公司转向专业代理模式。随后格力在各地相继成立股份制销售公司，并增资控股升级为格力驻当地的分公司，与二、三级经销商直接合作。

2004—2013年，自建专卖店渠道。以国美、苏宁等为代表的家电连锁公司崛起。家电连锁商在零售价格、品种、数量等层面与其他销售渠道有明显优势，但是家电连锁商的话语权较强，经常为打造客流量和活动自行大幅降价，扰乱品牌的渠道价格秩序，损害了品牌形象和其他渠道经销商的利益。在2004年经历了国美降价事件之后，格力与国美合作破裂，公司开始通过建立专卖店的方式自建消费终端渠道。2009年成立北京盛世恒兴格力国际贸易有限公司，此后格力的销售渠道逐渐剥离给北京盛世恒兴格力国际贸易有限公司。直到2018年，公司形成以全国29家盛世欣兴格力贸易有限公司为主体的渠道网络并在全国建有40 000家以上专卖店。

2014年至今，全渠道拓展。如图3-32所示，格力目前的销售渠道分成自建渠道、第三方渠道两大块。2014年，格力建立自营的线上渠道格力商城，并分别于2014和2016年重返国美、苏宁等KA渠道。

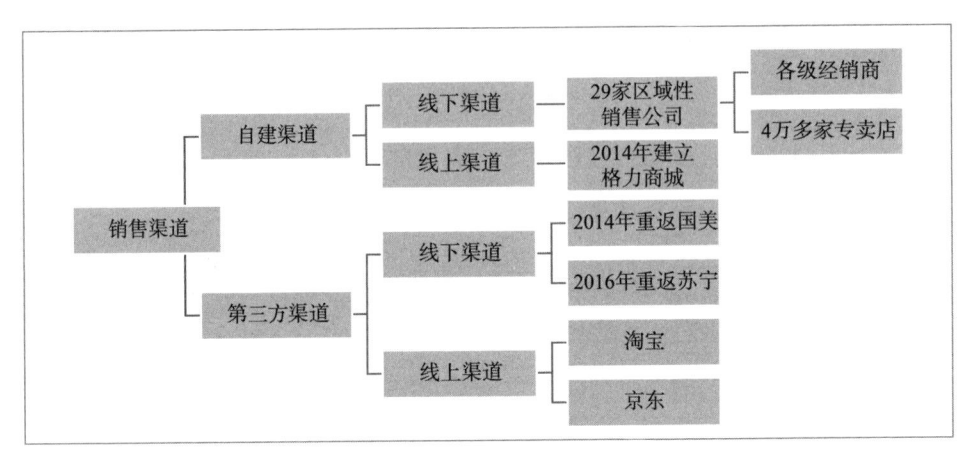

图 3-32　格力电器的销售渠道

互联网逐步从流量进入存量阶段，获客成本不断攀升，私域流量概念兴起。公域与私域概念相对，公域如同流动的河水，在公共范围内每家企业都可以触达；而私域如同蓄水池，相对私密，私域内的用户可反复利用触达。相较之下，私域具备稳定、成本低且可重复利用等多重优势。在整体流量红利消退，买量成本攀升的情况下，私域运营正逐步成为互联网新趋势。从公域与私域的角度来看待现在家电的渠道，KA 和第三方电商平台（京东、天猫等）类比于公域流量的概念，平台销售的家电品牌众多，而家电公司自有的专卖店渠道类似于私域流量的概念，品牌家电专卖店只能销售自身品牌的产品，具有明显的排他性。在线上流量红利消退下，互联网运营愈发重视线下市场，并且开始充分挖掘私域流量的可利用性。

目前国内三大白电龙头中，美的取消二级经销商，线上对天猫和京东等第三方电商平台的依赖性相对较高，自有渠道销售占比相对低；海尔智家此前改革经销体系，将原有体系内的工贸公司变革为小微公司，划分至体系外，由小微公司自负盈亏，2018 年底自有渠道涵盖 8000 多家县级专卖店、3000

多家乡镇网络；格力通过区域性销售公司、返利政策及将经销商引入股权结构等深度绑定了公司与经销商的利益，具备对渠道的高度话语权，2018年底公司在国内拥有26家区域性销售公司和40 000多家网点，这些都是自己的私域流量。

进入新时代，格力又开始了对线上的布局，不断迎合时代的发展。竞争对手方面，奥克斯则是通过差异化的渠道变革迎头赶上。2016年之前，奥克斯销量一直在300万套规模徘徊。2016年之后，奥克斯切入低端市场，并依靠电商发展的浪潮，其产品通过线上渠道快速放量，以"网批模式"构建互联网直卖模式，市场份额不断提升。2017年就已实现电商渠道产品销量行业第一。到2018年底，奥克斯内销量占比达9.7%，出货量917万台，与行业第三的海尔只相差毫厘。

格力想要延续其在渠道的优势就需要结合线上渠道的特点，进行针对性的布局，从而延续其内部护城河的优势。2019年"双十一"，格力大幅降价，发起空调价格战。消费者在2019年1月1日至11月10日购买指定系列的产品，可进入格力网"董明珠的店"（微店）申报差额补贴。而此次价格战效果显著，格力全品类销售额41亿元，同比增长200%，拿到空调全网销售第一。并且通过引流宣传，格力官方店铺"董明珠的店"销售额3.63亿元，同比增长48倍。

特殊的交易结构

由于空调产品的高价格与不确定性，空调产品作为一种特殊的商品，其运作特性是家电类产品中最特殊的，操作难度也是最大的。空调产品相对单价较高，导致操作空调产品必须具有较高的资金规模。另外，由于空调属于严重受季节性影响，导致经营空调的风险相对较高，对经营者综合能力提出更高的要求，需要经营者的预算能力、掌控能力、规避风险能力都非常强，正因为这三个特性促使空调产品必须具有相对较高的利润空间，才会进行流通，因此空调是一种"高资金、高风险、高利润、高难度"的产品。

返利政策是格力渠道布局的重要举措。1995 年格力自创"淡季返利"的销售政策，鼓励客户在淡季投入资金，根据经销商淡季投入资金数量，给予相应价格优惠或补偿等。这既解决了淡季生产资金短缺，又缓解了旺季供货压力。淡季返利在一定程度上能够平滑格力生产和销售的季节性波动。根据产业在线数据显示，2008 年—2018 年，格力家用空调每月产销的波动性明显小于美的。

格力后来推出销售返利政策，销售返利指经销商在一定时期内累计购买货物达到一定数量，或者由于市场价格下降等原因，公司给予经销商相应的价格优惠或补偿等。销售返利以返还部分利益的方式拉动经销商销售的积极性，在一定程度上能够助力格力的营收增长。

销售返利在拉动经销商积极性的同时也形成了富余的利润蓄水池。长期以来，格力对销售返利采用"无纸化操作"。公开资料显示，格力的销售返利以非现金支付，销售返利的计提和兑现主要影响"销售费用"和"其他流动负债"这两个科目，返利的计提和兑现力度变动会影响利润，因此其他流动负债项目一直被视为格力重要的利润蓄水池。2018 年底，格力的其他流动负债 633.62 亿元，其中销售返利 618.78 亿元，占比 97.66%。

对比格力的营收规模与销售返利规模、销售毛利率和销售费用率发现，其销售返利增速多数时候超过营收增速，我们推测其存在超额计提销售返利的情况。2009年—2011年，销售返利增速放缓，格力较此前减少了返利的计提力度或加大了返利兑现的力度，对应其毛利率下降，净利率有所抬升，但叠加该时期原材料成本回升，带动净利率也出现小幅下降；2011年—2013年间，销售返利同比增速逐年增长，格力返利计提力度远超兑现力度，兑现力度可能有所下滑，毛利率提升，净利率应略有下滑，但叠加该时期原材料成本下滑，毛利率和净利率同步攀升，且毛利率提升幅度超净利率；2015年，格力的营收出现负增长，且销售返利同比增速大幅下滑，返利的计提力度不及兑现力度，对应毛利率下降，净利率提升，财务指标表现符合预期；2015年—2017年，格力的销售返利计提同比增速持续走低，但营收增速有所回升，返利计提的力度不及兑现力度，对应的销售毛利率下降，净利率应提升，财务指标表现符合预期。

格力的返利机制在提出之初是为了平滑空调的产销波动，缓解空调生产、仓储和销售的季节性矛盾，后来随着公司规模越来越大，这种机制已经构成了格力电器重要的交易护城河。返利对格力具有三重商业意义：一是对下游经销商的占款——免费的产业链杠杆，直接节约资金成本，提高 ROIC；二是利润蓄水池；三是增加经销商转换和退出成本，巩固经销渠道的利器。

交易结构创造的竞争优势

我们从格力渠道的发展史可以看出，渠道结构决定了格力具有很强的反脆弱性。格力在自建渠道上有着较多的经验和很大的优势：通过销售返利政策拓展、扶持经销商，建立起实力和规模都相当强大的经销商网络，并通过经销商持股销售，使其与公司形成利益共同体，之后自建专卖店加强消费端控制，实现渠道独立自主。

这样的渠道结构在很大程度上降低了业务的交易成本，在财务数据上有比较良好的体现。

第一，资金链充裕。很明显，格力的货币资金占比不断提升，2015年开始持续处于40%～50%的稳定状态。而竞争对手美的电器近10年的货币资金占比则一直处于20%以下，2011年之前一直维持在10%左右，2011年之后逐步小幅提升至15%左右，但2014年、2015年和2016又再度回到10%以下的水平，虽然2017年和2018年出现了提升，但仍处于20%以下的水平，相比格力充沛的货币现金仍存在较大差距。从现金流量表来看，格力的经营商预付货款制度与对上游资金的占用能力使其自身的经营性现金流和自由现金流较为充裕，经营活动现金净流量不仅大于零，且远远超过折旧和摊销，这样的现金流结构能够保障格力在运营过程中游刃有余。

第二，资产结构优质。格力是劳动力与技术双驱动型企业，与行业竞争对手相比，它实现了轻资产运营。长期资产主要由以厂房和机器设备为主的固定资产构成。相比美的15%以上的长期固定资产占比，格力折旧负担轻。2017年，美的通过调整部分产业结构，固定资产占比有所下降，达到10%以下，但比值仍高于格力的1%～2%。

第三，负债结构合理。营运负债以应付款项和预收款项为主。近几年，格力的应付款项大约占公司成本的20%～30%，相对稳定；预收款项有明显增加，整体相对稳定，这暗示下游拿货积极性并没有下滑。格力的其他流动负债占比较大（历年财务报告显示，该科目中97%以上由尚未支付的销售返利构成），这表明格力对经销商的资金占用不仅体现在预收货款上，还体现在返利环节（对应利益绑定模式下强大的资金占用能力）。良好的资产负债率可以使一家公司走得更远，格力的资产负债率一直稳定在60%~70%，是一个非常良性的标准值。

第四，营运成本下降。近些年，格力的营运成本占比一直维持在60%~70%，较2012年之前70%~80%明显下降，主要原因是关键零部件自给率提升。核心零部件的大量自供一方面降低了成本，另一方面也加强了格力在上游领域的把控力，有利于控制成本，提高对上游产品的议价能力。另外，格力的管理费用和财务费用都维持着较稳定的状态。

第五，销售费用明显下降，营业利润率逐步提升。持续提高的营业利润率是企业竞争力不断提高的表现。格力的营业利润率呈现升势，且近年来一直在10%以上。另外，我们通过观察格力电器费用情况发现，三费是持续降低的趋势。

综上所述，如图3-33所示，在前端，格力凭借成本优势、专利技术和品牌资产创造了很高的交易价值，构建起极为宽广的经济护城河；在后端，凭借着渠道结构设计效率很高的交易结构，获得了较低的交易成本的优势，有效地守护了交易价值，确保了持续的收益获取，筑起了非常宽广的交易护城河。

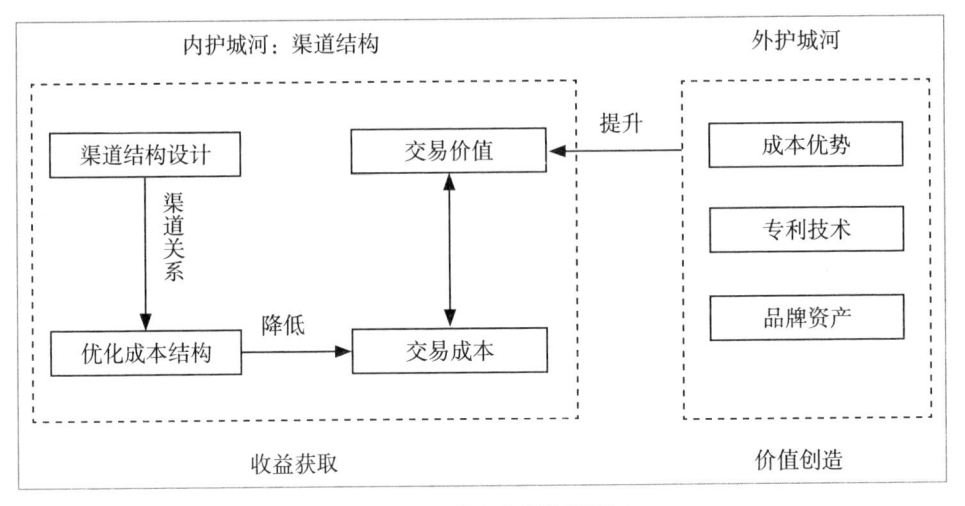

图 3-33 格力电器的护城河

业务结构

【案例 8】业务结构助力上海机场实现盈利奇迹

在很多投资者眼中，机场一直不是一个很好的投资标的：盈利模式一般，重资产运营，固定成本巨大，非市场化运作，政府管制较多，更重要的是没有很大的讲故事空间。然而，据财报披露，2019 年上海机场的营业收入为109.45 亿元，同比增长 17.52%，归母净利润为 50.3 亿元，同比增长 18.88%，毛利率超过 55%，净利润率高达 46%！我们通过在行业中进行横向比较发现，上海机场的毛利率远比白云机场、首都机场和深圳机场高。而且 2004—2019年，上海机场的营业收入平均复合增长率为 12.03%，归母净利润平均复合增长率为 13.71%。连续十多年，营业收入和利润均能保持 12% 以上的高速增长的企业在 A 股绝对是凤毛麟角。一个高度重资产、人力密集型的行业能够实现高达 46% 的净利润率，并且保持连续 16 年营业收入和利润持续高增长，这确实是一个奇迹。我们不禁会问，上海机场有着怎样的护城河，在这样一个不被投资者普遍看好的行业里异军突起？

水涨船高的财务增长

上海机场的护城河由两个因素构建而成。

一是政府行政许可，即牌照垄断（机场建设由国务院审批，航权和时刻表均由民航局审批，航路由空军、海军审批）。

二是地理区位优势，上海是我国最大的经济中心城市之一，从世界范围看，上海位于亚洲、欧洲和北美大三角航线的端点，飞往欧洲和北美西海岸的时间约为 10 小时，飞往亚洲主要城市的时间在 2～5 小时，航程适中；从中国范围内看，上海位于我国东部沿海经济发展带与长江经济带的交汇处，直接服务的长三角地区是我国目前经济发展速度最快、经济总量规模最大、最具有发展潜力的经济板块；间接服务区 2 小时飞行圈资源丰富，包括我国 80% 的前 100 大城市、54% 的国土资源和 90% 的人口、93% 的 GDP 产出地和日本、韩国的大部分地区。这种优势带来的直接结果是旅客吞吐量的直线上升。

2019 年，上海的浦东机场和虹桥机场的旅客吞吐量突破 1.2 亿人次，其中归属上市公司上海机场（600009）的浦东机场，旅客吞吐量突破 7600 万人次，位列国内第二、全球第九；完成货邮吞吐量 405.26 万吨，位列全球第三。凭借着牌照垄断和区位优势，上海机场的业务量实现逐年的快速增长。

随着旅客吞吐量的增长，上海机场营业收入和净利润实现了稳健快速的增长，2019年营业收入突破100亿元，净利润突破50亿元（如图3-34所示）。

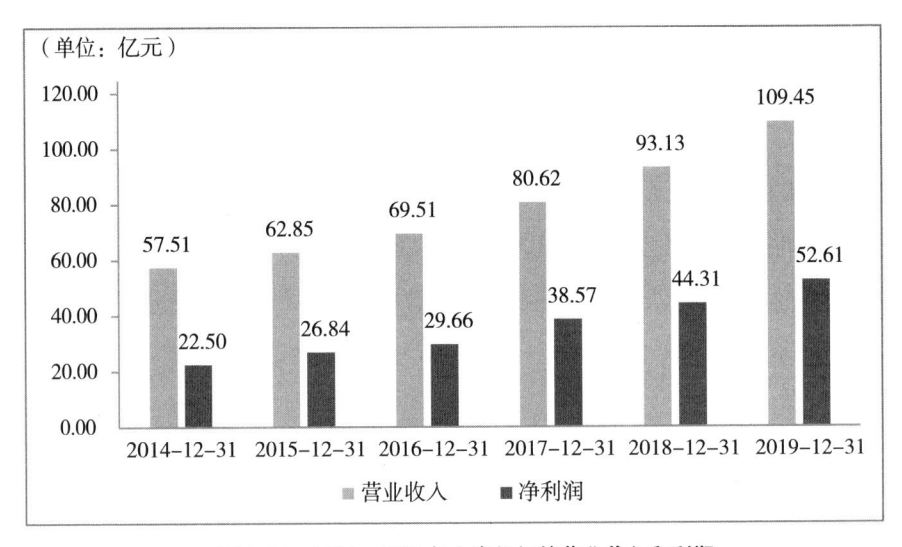

图 3-34　2014—2019年上海机场的营业收入和利润

数据来源：2014—2019年上海机场的财务报告。

盈利背后的逻辑

通过与国内几家上市机场公司对比，我们发现上海机场的盈利能力是一枝独秀的，归属母公司的净利润不论是体量还是增长率，都远超过国内其他机场。

机场行业的一个普遍的特点是，利润随着旅客吞吐量的增长而增长，两者有着很强的相关性。为了更好地做比较，我们将体量更大的在港股上市的北京首都机场也纳入对比。我们发现，与同量级的A股上市企业白云机场相比，上海机场的盈利能力遥遥领先。更重要的是，与比其高一个业务量级的首都机场相比，上海机场的盈利能力也令首都机场难以望其项背。上海机场的财务增长并不只是水涨船高的原因，它一定是有自己的护城河。如果说护城河只是牌照垄断和区位优势，这与其他行业相比或许能够说得通，然而几乎所有机场，尤其是大型机场都具备这两个优势，为什么它们的盈利能力却相差甚远呢？同样是机场行业，业务都是大同小异，又是什么原因导致上海机场的盈利水平高于其他机场呢？

答案很明显，上海机场一定还有一条看不见的护城河，这条护城河守护了它的交易价值，让它能够实现很高的收益，造就了它有别于同行业竞争对手的独特竞争优势。

发现看不见的护城河

其实，机场业务有其独特的特点。核心资产决定盈利模式，机场的核心资产主要是飞行区（跑道）和航站楼。飞行区主要供飞机起降、飞机停场等；航站楼主要用于旅客购票、取票（退改签）、安检、休息、消费和登机等。这也决定了机场的收入主要由航空性业务和非航空性业务提供。

我们将上海机场营业收入和利润按照业务类型拆分来看。如图 3-35 所示，2014—2019 年，航空性业务收入的变化并不是特别地显著，五年的增长率仅为 25%，远低于上海机场整体收入的变化。如图 3-36 所示，非航空性业务收入的变化是显著的。2014 年，其非航空性业务收入仅为 23.52 亿元，而到了 2018 年，非航空性业务收入已经达到了 53.44 亿元，五年增长了 127%。

（单位：亿元）

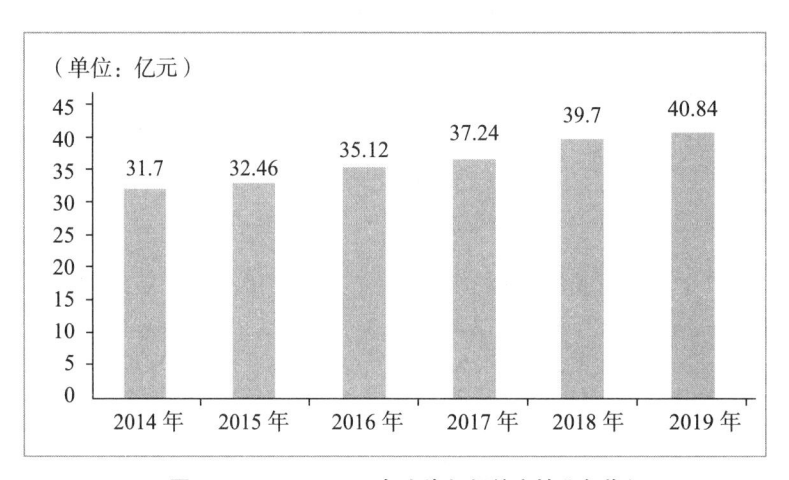

图 3-35 2014—2019 年上海机场航空性业务收入

年份	2014年	2015年	2016年	2017年	2018年	2019年
收入	31.7	32.46	35.12	37.24	39.7	40.84

数据来源：2014—2019 年上海机场的财务报告。

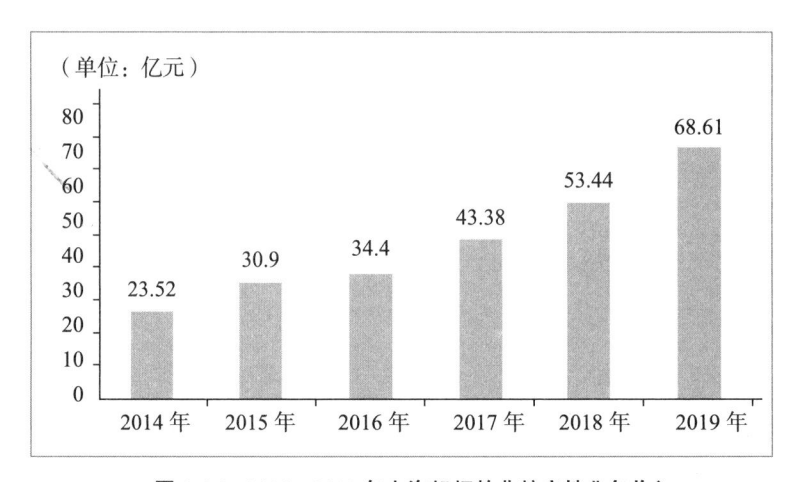

图 3-36 2014—2019 年上海机场的非航空性业务收入

年份	2014年	2015年	2016年	2017年	2018年	2019年
收入	23.52	30.9	34.4	43.38	53.44	68.61

数据来源：2014—2019 年上海机场的财务报告。

同时，由于国家政策对航空业务定价的限制，航空性业务的毛利率很低，甚至为负。例如，在首都机场航空性业务中，飞机起降及相关收费、旅客服务费毛利率均为负；而非航空性业务毛利率整体呈较高，可达 60%。通过对国内上市机场业务拆分和毛利率进行测算，我们发现上市机场的盈利大部分甚至全部由非航空性业务贡献。换句话说，机场非航空性业务的好坏直接决定了企业的盈利水平。也就是说，强大的非航空性业务才是上海机场营业收入，尤其是利润增长的重要引擎。

非航空性业务收入：机场的奶油蛋糕

上海机场的公告表明，公司对于非航空性收入的定义是"购物、餐饮、邮电、金融、休闲娱乐等业务带来的收入"，而在财务报表中，非航空性收入又被分为商业租赁收入及其他，其中租赁收入占比接近60%。进一步查阅报表中租赁收入的批注，我们发现它指的是上海机场关外区域提供场地，供日上经营免税商品，上海机场根据日上的免税品销售额等比例抽取的租金收入，而租金收入又分为固定收入和销售额提成。2019—2025年，固定收入或将可以为上海机场继续贡献410亿元的营业收入，而在销售额方面，不同商品的提成比例是不同的，整体在40%左右。

可以看出，这种商业模式十分简单，交易成本也非常低，在出租给日上集团之后，上海机场几乎不用投入任何的增量成本，就可以有一个既有保障又有弹性的收入贡献。也正是这样的收入结构使上海机场的归属母公司净利润远远超过同行。同时，航空性收入中很多的价格是政府指导定价，这就意味着虽然牌照垄断、区位优势的外护城河坚不可摧，但无法很好地带来高利润。而这种收入结构使上海机场的销售毛利率一直保持在比较高的水平，加上短期之内并没有新增的费用损耗，销售毛利率保持上升的趋势，从2014年的43%不断上升至2018年的50%。

交易结构的设计

在具体交易结构设计上，对于非航空性业务来说，影响其营业收入的因素主要有扣点率和保底金额、购买免税商品的旅客数、退货率和客单价。

首先，我们来分析一下扣点率和保底金额。虽然上文指出这是一个既简单又兼顾风险和收益的商业模式，但是现有扣点率和保底金额能够维持多久，未来是不断向好还是向坏变化才是我们要关注的重点。就目前上海机场所披露的信息看，在四个航站楼中，共有六个提货点和进出境店，总面积近17 000平方米，而且租赁合同将于2025年12月31日到期。也就是说，目前的扣点率和保底金额至少还能够保持一段时间，因此上海机场的收入结构目前不会有很大的变化。对于变化趋势，我们主要考虑两个方面：一是国内外同行的情况如何；二是上海机场自身是否有特殊性。对比国内来说，北京首都机场T2的扣点率和保底金额为47.5%，T3为43.5%；大兴机场的烟酒食品为49%、香化为46%；白云机场方面出境为35%，入境为42%；对比国外来说，我们根据海外免税巨头（如Dufry、乐天、新罗、DFS）披露的数据看，要向合作机场支付的扣点率普遍在45%~55%。也就是说，上海机场相对同行而言，在扣点率和保底金额上还有提升空间。在考虑上海机场的特殊性时，可能最关注的就是政策问题。关于扣点率的政策，2000年出台的《关于进一步加强免税业务集中统一管理的有关规定》明确指出，出境店实行垄断经营和集中管理；2016年《口岸进境免税店管理暂行办法》恢复全国19个进境店并采取公开招标，中免、深免、珠免、中出服可参与全国竞标，行业初向市场化；2019年，《口岸出境免税店管理暂行办法》明确出境店实行公开招标，地方政府有权设立申请并招标确定运营商，中免、深免、珠免、中出服可参与全国竞标。对免税行业而言，这些政策都意味着竞争逐步加剧、扣点率将提升，可见上海机场相对同行而言，政策特殊性并没有很明显，依旧支持其不断提高扣点水平。

购买免税商品旅客数在传统的零售模型中被拆解成流量和转化率两个数据。对上海机场而言，流量就是其旅客吞吐量。转化率主要是指这些旅客吞吐量中购买免税商品的旅客的占比，在数据上体现为购物渗透率。2018年，上海机场的购物渗透率为15%，与首都机场基本相同，而全国机场的购物渗透率基本都保持在10%～20%。可以看出，上海机场的渗透率并没有特别突出。我们认为渗透率比较难以通过运营来大幅改善，其根本的驱动力还是在于免税商品的价格相比其他渠道是否便宜。

还有两个影响因素分别是退货率和客单价。退货率主要与商品自身的质量和消费者购物习惯有关，这里就不展开分析了。最新的公开数据显示，上海机场2018年的客单价是2200元，远高于首都机场同期的1800元，这与上海机场丰富的可售商品数量和区域购买力是分不开的。目前，机场的免税额度是5000元/年，而以目前上海机场的客单价来说，即使翻倍，距离这一限额也还有一定空间，可见未来还有很大的提升可能性。

持续拓宽的交易护城河

在某种意义上，机场和互联网公司的商业模式有相似之处：航空性业务提供流量入口，非航空性业务依靠流量变现。成长初期的机场，流量增长，主要驱动航空性业务增长；成长中期的机场，随着流量增长，航空性和非航空性业务共同驱动盈利增长；成长后期的机场，流量增长，但客流增速变缓，主要依靠非航空性业务贡献盈利增量。

如图 3-37 所示，在机场的行业周期中，旅客吞吐量有两个重要节点，其中 1000 万人次 / 年的吞吐量是一个节点，机场的航空性业务在此流量下开始发挥规模效应；3000 万人次 / 年的吞吐量是机场商业发展的基础流量，当吞吐量达到后，非航空性业务开始贡献收益的主要来源，从而使机场的整体盈利能力显著增强。

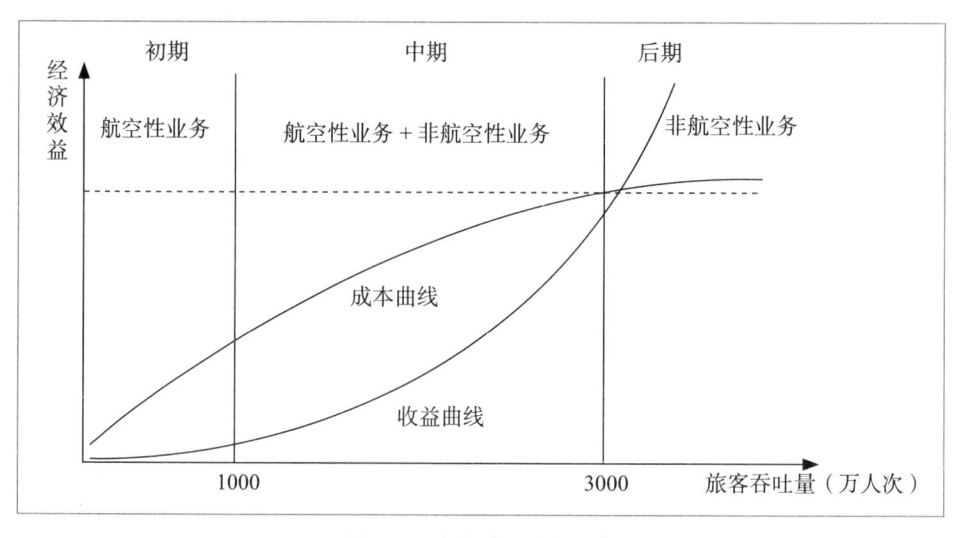

图 3-37 机场发展阶段示意图

综上，如图 3-38 所示，上海机场在垄断牌照和区位优势外护城河的保护下持续创造交易价值，进一步探索出降低交易成本和提升收益获取的方法，并且持续巩固交易结构这条看不见的内护城河。这样做既发挥了外护城河的优势来持续价值创造，又通过内护城河持续实现收益获取，一外一内，共筑企业的壁垒，创造了比肩茅台的净利润率和持续营业收入高增长的奇迹。

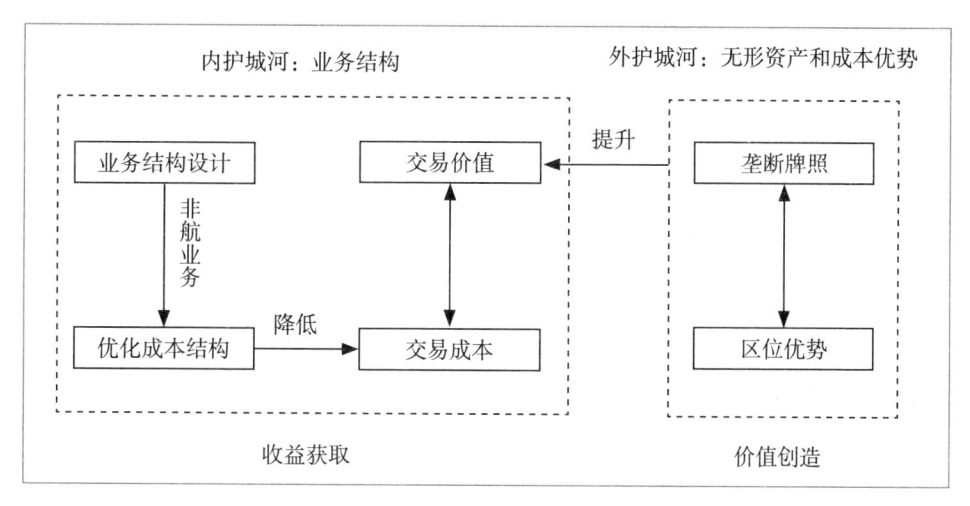

图 3-38　上海机场护城河分析示意图

【案例 9】云南白药：打造增长的第二引擎

云南白药在我国可谓家喻户晓。云南白药集团是我国现存稀缺的中药百年老店（历史可追溯至 1902 年），多年来打造了深入人心的云南白药黄金品牌。云南白药配方是我国历史上仅有的两个国家级绝密配方之一，地位特殊，受到永久保密。云南白药散剂、云南白药胶囊是我国中药一级保护品种，是国家中药最高保护级别。

2019 年 12 月，云南白药集团（以下简称云南白药）以品牌价值 255 亿元位列 2019 胡润品牌榜第 66 位，蝉联医疗健康行业第一位，连续 11 年入围榜单。自 1993 年改制上市后，云南白药就一直保持着持续的高增长，营业收入从 0.58 亿元上升到 267 亿元，净利润从 0.13 亿元上升到 31 亿元，从市值 8 亿元的小企业成长为超过 1000 亿元的国内医药消费龙头企业。

在发展过程中，云南白药建立起自己宽广的护城河，这是实现持续高增长的重要因素。

无形资产的经济护城河

云南白药的经济护城河主要来自无形资产。

首先是专利技术。中药保护政策不仅保证了云南白药独家的地位，形成了独占优势，而且使云南白药在中药领域具有超然的地位，多年位居行业品牌价值首位。云南白药的配方已被国家列为保密配方。绝密意味着稀缺，稀缺意味着企业有定价权。配方的绝密性有效地阻止了竞争者吞食云南白药的利润，保护它长久地持续经营。

其次是品牌资产，这也属于无形资产护城河的范畴。云南白药原名"百宝丹"，由云南民间医生曲焕章于1902年研制成功，具有化瘀止血、活血止痛、解毒消肿之功效，对跌打损伤、创伤出血也有很好的疗效。云南白药以其独特、神奇的功效被誉为"中华瑰宝，伤科圣药"。1995年，曲焕章的妻子缪兰英将曲焕章万应百宝丹的处方和技术全部捐献给国家，"曲焕章万应百宝丹"改名为"云南白药"，由地方国营昆明市制药厂正式生产。1971年，云南白药厂正式成立，开启了云南白药的现代化生产时代。

无形资产护城河对企业的积极作用在云南白药的发展过程中体现得淋漓尽致。首先是极低的销售费用。无形资产护城河不仅创造了极大的交易价值，还降低了交易成本。在业务高速增长的同时，由于是国家绝密配方，它具有很高的产品壁垒，云南白药并不需要支付高昂的宣传费用，就可以得到消费者很高的品牌认同。如图 3-39 所示，2010—2019 年，云南白药销售费用率长年远低于行业平均水平。

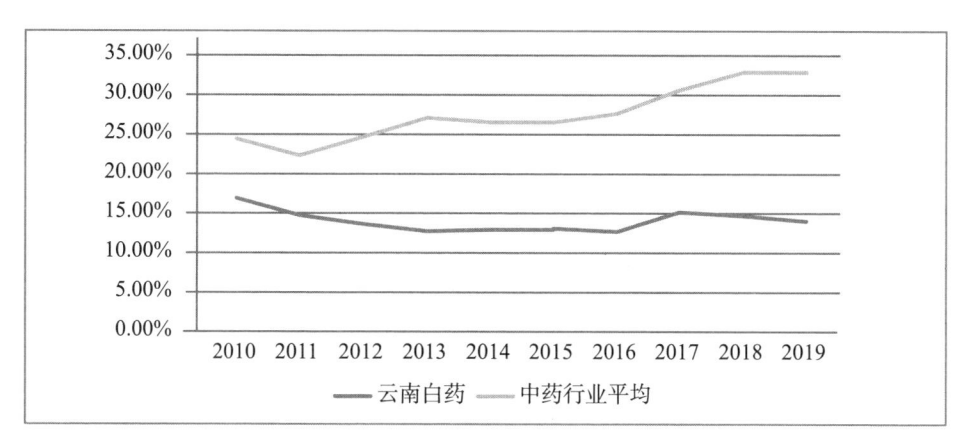

图 3-39　2009—2019 年云南白药的销售费用率与中药行业平均水平的比较

数据来源：云南白药的财务报告。

其次，深度的产品渗透。云南白药在无形资产的优势之下不断扩张产品线，目前产品涵盖 16 个剂型，主要包括云南白药系列和普药系列，其中云南白药系列在传统云南白药散的基础上，研发出气雾剂、酊剂、胶囊剂、贴膏剂和创可贴等多种产品，成为止血、活血、止痛中药制剂的明星产品。在产品规模上，气雾剂、贴膏剂均为 10 亿级别大单品，创可贴也超过 6 亿。在营业收入上，药品总收入 2/3 来自白药系列。普药系列包括气血康口服液、血塞通分散片、宫血宁胶囊和蒲地蓝消炎片等产品，主要用于妇科和心脑血管等领域。

从产品功效来看，云南白药散剂、胶囊剂、创可贴主要具有止血功效，气雾剂和酊剂、膏剂主要用于跌打损伤。在高产品壁垒下，云南白药在止血中成药零售市场、跌打损伤中成药的零售市场中的市场占有率均为第一，如

图 3-40、图 3-41 所示。

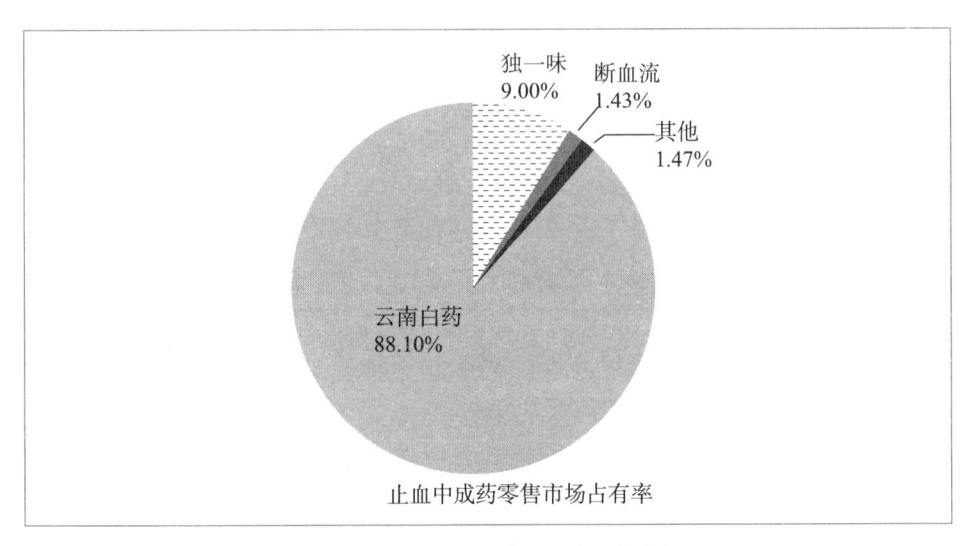

图 3-40　止血中成药零售市场占有率

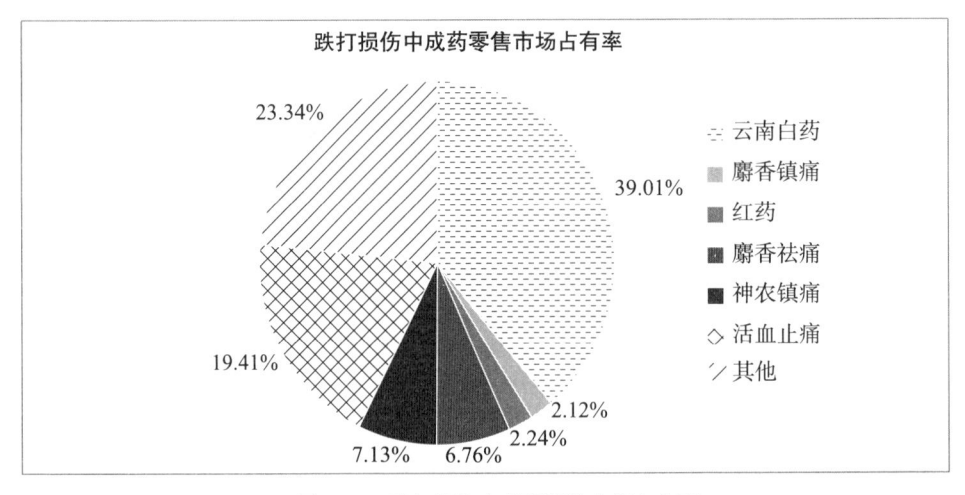

图 3-41　跌打损伤中成药零售市场占有率

最后，强势的定价权。衡量一个产品的核心竞争力的方法之一就是观察其能否通过涨价来带动利润。云南白药分别在 2003 年、2005 年、2009 年三次提价，提价幅度从最开始的10%到最近一次的85%。虽然产品价格有所上升，但云南白药在每次提价之后的第二年仍保持着高速增长，尤其是提价85%后的次年，利润增长更是高达53%。另一方面，提价对云南白药而言并没有使其出现存货过多的现象；相反，在2009年提价之后，存货经过小幅增加之后出现了减少趋势。

挖掘另一条护城河

药品对大多数人而言始终是低频消费商品，所以云南白药即使有强有力的无形资产作为外护城河，且不断地扩充产品线，增长也可能是受限的。如图3-42所示，近年来，云南白药药品事业部增长受挫，营业收入增速甚至有一定程度的下滑，但整体业务仍在增长。这一定是有另一个引擎在驱动。那么，这个引擎是什么呢？

图3-42 2012—2019年云南白药药品事业部的营业收入及增速

数据来源：云南白药公司的财务报告。

找到新的增长点

消费者对云南白药这一品牌的信赖有力地支持了其在健康产品领域构建内部护城河。弱相关、多元化的美妆产品近年来扮演起越来越重要的角色,成为驱动云南白药发展的第二大引擎。

云南白药在看到药品发展受限后,于 2006 年建立了健康品事业部,主要开展口腔、洗护、卫生巾、美肤等产品的研发、生产和销售业务,如图 3-43 所示。

图 3-43 云南白药健康品事业部的主要业务

如图 3-44 和图 3-45 所示,云南白药 2019 年年报显示,虽然营业收入的 80% 与医药产品有关,但这部分仅贡献了一般的利润,而健康品事业部的收入为 44.0 亿元,占总收入的 16% 左右,净利润约为 16.2 亿元,占公司净利润的 49% 左右,这说明健康产品是目前云南白药的主要利润来源以及增长的主动力。

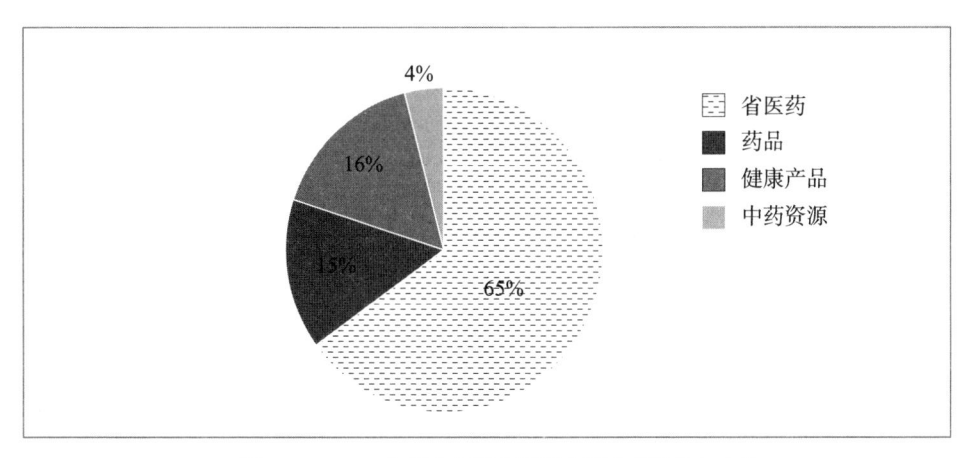

图 3-44　2019 年云南白药公司四大事业部的收入占比

数据来源：2019 年云南白药的财务报告。

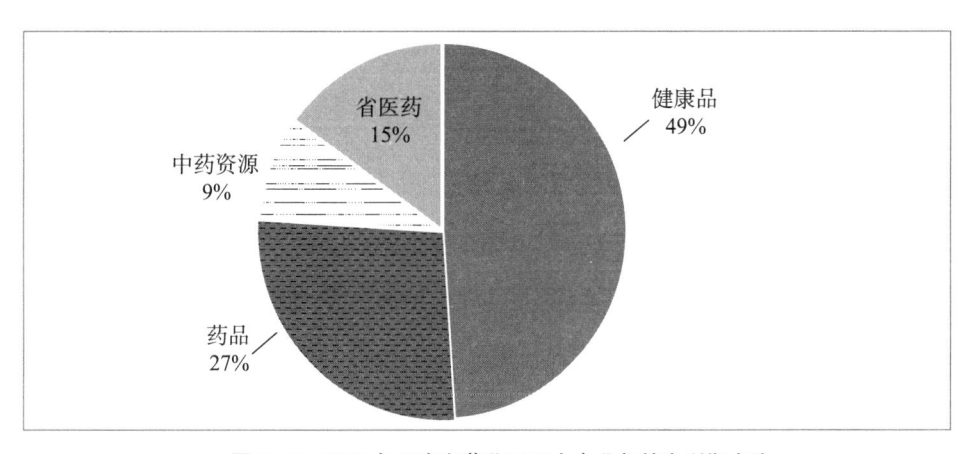

图 3-45　2019 年云南白药公司四大事业部的净利润占比

数据来源：2019 年云南白药的财务报告。

这样的产品线分布和利润贡献占比体现了云南白药护城河的重要特点：通过医药产品的专业度和品牌构筑无形资产外部护城河，创造企业的营业收入，同时利用健康产品进行利润获取，变现医药产品带来的无形资产价值。

云南白药公司依托其在止血抗炎药品领域的强大优势，于 2005 年推出云南白药牙膏，以牙膏为载体，将云南白药用于口腔保健，主打缓解牙龈出血等功效，迅速填补了国内高端中草药牙膏的空白市场。经过十多年的发展，云南白药 2018 年的收入达 41.5 亿元，整体市场占有率约 18%，在国内市场排名第二，仅次于黑人牙膏。

在牙膏产品方面，云南白药在中草药牙膏优势的基础上，围绕用户的功效性诉求，陆续推出了金口健系列（平衡口腔菌群）、益齿系列（护龈美白）、朗健系列（去烟渍、去口臭）、双效抗敏系列（抗敏感固齿）、渍清系列（黏膜修复）、蕴康牙膏（孕产妈妈专用）、儿童牙膏（食用级材料）等产品，实现了牙膏全功能、中高端价格区间、不同使用群体的广泛覆盖，形成了具有高度人群互补性的产品矩阵，为牙膏产品的增长持续注入动力。

云南白药牙膏主打牙龈止血、治疗口腔溃疡的功效，与白药"止血愈伤"的品牌形象契合，在当时以口腔清洁、口气清新为主的牙膏市场另辟蹊径，并与其他药企的消炎抑菌牙膏形成差异化竞争，从而打造出了产品壁垒。

优化的交易结构

由于拥有产品壁垒而且消费者认知度高，云南白药并不需要在宣传上投入太多，反映在财报上是销售费用率低于行业平均水平。以 2019 年为例，云南白药销售费用率为 14.01%，远低于日化品的 21.53%。

健康品事业部长期的优质增长成为公司核心增长动力，其在2010—2017年收入端复合平均增长率为19.89%，是公司中药资源事业部以外增速最快的部门，2017年收入已达到43.61亿元；健康品事业部的核心——健康产品子公司，2010—2017年净利润实现复合平均增长率39.66%，长期保持高增速，2017年净利润已达到9.95亿元。在公司"新白药、大健康"的战略下，健康品事业部有望延续此前发展，不断扩展产品范围，推动公司向大健康王国迈进。

健康品事业部实现持续高增长的另一个重要因素是，美妆类产品比药品的毛利率更高。如图3-46和图3-47所示，药品事业部近年来因为涨价，毛利率实现了持续提升，2017年的增长超过了53%，而健康品事业部的产品毛利率长期在70%以上。增长快速，利润率又更高，毫无疑问，这一块业务对公司整体的营业收入和贡献都在持续加大。

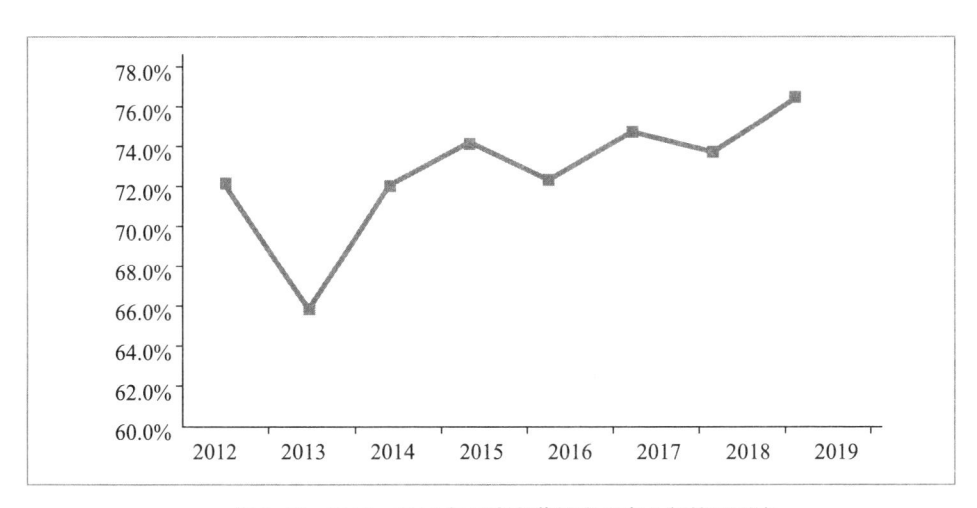

图3-46　2012—2019年云南白药健康品事业部的毛利率

数据来源：2012—2019年云南白药的财务报告。

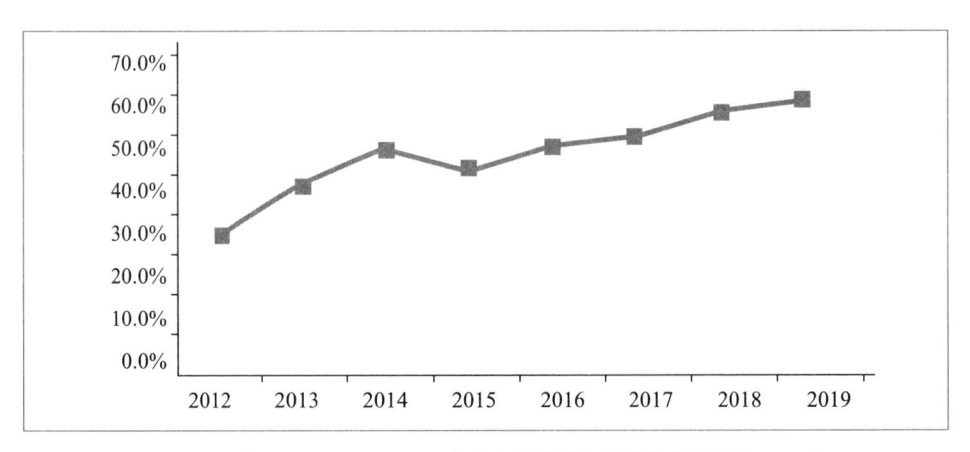

图 3-47　2012—2019 年云南白药药品事业部的毛利率

数据来源：2012—2019 年云南白药的财务报告。

拓宽交易护城河

继牙膏之后，云南白药于 2008 年推出千草堂沐浴系列，于 2010 年推出了养元青洗发护发系列，于 2011 年推出采之汲面膜系列，于 2014 年收购清逸堂 40% 股权，进军卫生巾领域。其策略是选取大健康领域中与公司品牌、产品、技术、渠道储备契合，且市场空间巨大的大健康产品为突破口，尝试复制云南白药成功经验。

复制什么产品本身并不是最重要的，重要的是云南白药通过这种业务结构的安排，在外护城河的无形资产护卫下，将产品很好地转化成了利润的源泉，挖掘出一条内护城河，从整体上优化了交易结构，降低了交易成本，实现了更好的价值获取。云南白药的护城河如图 3-48 所示。

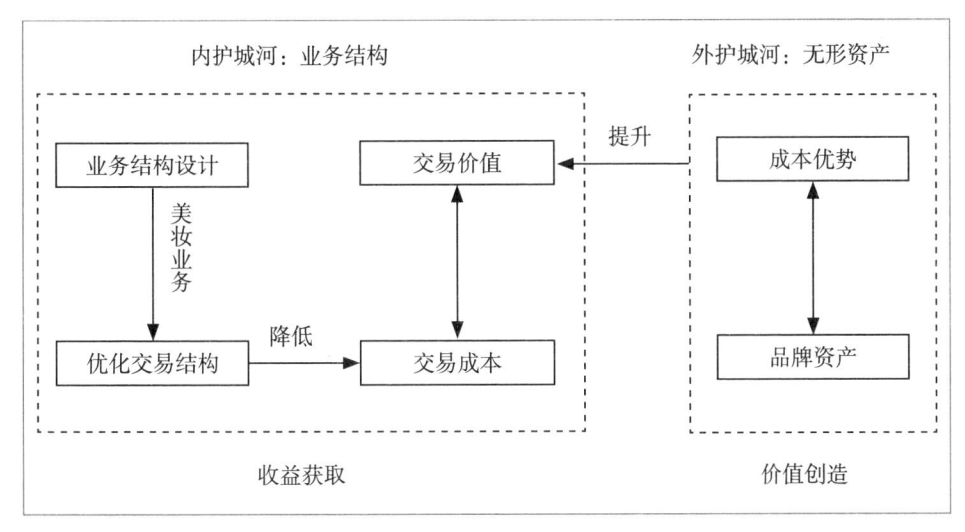

```
内护城河：业务结构                    外护城河：无形资产

  ┌─────────────────────────────┐    ┌──────────────────┐
  │  业务结构    →  交易价值  ←─提升── 成本优势         │
  │   设计     ↕              ↕      ↕                 │
  │   美妆业务                                         │
  │   ↓                                                │
  │  优化交易  →降低→ 交易成本        品牌资产         │
  │   结构                                              │
  └─────────────────────────────┘    └──────────────────┘
          收益获取                        价值创造
```

图 3-48　云南白药的护城河

【案例 10】九毛九：交易结构背后的盈利逻辑

2020 年 1 月 15 日，九毛九国际控股有限公司（以下简称九毛九）成功在香港交易所挂牌上市，成为 2020 年餐饮上市第一股，也是继海底捞上市之后又一家登陆港股的内地餐饮企业。不仅如此，它还造就了近 10 位亿万富翁、50 位千万富翁。就体量而言，九毛九只有百亿级别，在资本市场上与千亿级别市值的海底捞差距较大，但对餐饮企业和餐饮创始人而言，九毛九上市比海底捞更有意义。在目前的餐饮行业中，营业收入和利润总额能够与海底捞比肩的品牌极少，但与之体量相似的却有很多。九毛九的上市对更多的餐饮企业具有指导意义。九毛九能够在餐饮行业中脱颖而出，成为餐饮上市企业的领先者，它有着怎样的护城河呢？

逐步筑高的品牌护城河

九毛九作为中国领先的中式快时尚餐饮品牌管理者和运营者，秉承着"好吃不贵"的理念，目前在国内中式快时尚餐饮餐厅中排名第三，在华南地区排名第一。1995 年，创始人管毅宏在海南海口开设第一家面馆。2003 年，他在广州跑马场开设第一家山西老面馆，将面馆业务拓展至广州。2005 年，他将店名改为九毛九，并注册商标。2010 年，九毛九将主营从西北面升级为西北菜，新店选址也开始转向商业中心，在进驻白云万达商业中心后，九毛九西北菜进驻多个购物中心，公司发展也走上了快车道。

截至 2019 年 12 月，九毛九经营 287 家直营餐厅，其中九毛九餐厅 147 家，太二酸菜鱼餐厅 121 家，2 颗鸡蛋煎饼 21 家，怂火锅和那未大叔是大厨各 1 家，管理 41 家加盟餐厅（均为 2 颗鸡蛋煎饼品牌），覆盖中国的 39 个城市，遍及 15 个省份以及 4 个直辖市。

九毛九的发展主要经历了三个阶段。如表 3–5 所示。

表 3–5　　　　　　　　　九毛九集团发展三个阶段

	阶段一	阶段二	阶段三
时间	2005—2010 年	2010—2015 年	2015 至今
菜品	西北面食为主	西北菜	西北菜、酸菜鱼、煎饼、冷锅串串、粤菜
模式	传统餐饮运营	快时尚连锁	多品牌并行

在第一阶段，九毛九的主要任务可以总结为"流程化"，即将原有手工作坊式的餐厅努力打造为现代商业意义上的企业。在第二阶段，九毛九的主要任务可以总结为"标准化"，即通过打造供应链体系和在执行层面确定标准实现规模的扩张。第一和第二阶段都是在构建经济护城河，通过 10 年的发展，

"九毛九"连锁品牌有了价值。第三阶段是对第一和第二阶段的重复，只不过用在了复制新品牌上。在第三阶段，九毛九旗下拥有五大餐饮品牌，如表 3-6 所示，产品线从人群覆盖到价格覆盖都相当广泛，但同时由于产品线的定位差异，更多的是在担当利润获取的角色。

表 3-6　　　　　　　　　九毛九旗下五个品牌的简介

	九毛九	太二	2颗鸡蛋煎饼	怂火锅	那未大叔是大厨
主打菜品	西北菜	酸菜鱼	煎饼	四川冷锅串串	精品粤菜
定位	放心餐桌	独特有趣	健康便捷	时尚聚会	有品位
目标顾客群	家庭聚餐	年轻顾客	年轻顾客	年轻顾客	中高消费群体
人均消费（元）	50~70	70~90	20~30	50~70	120~150
餐厅建筑面积（m^2）	250~400	200~300	10~40	120~200	300~500
经营模式	直营	直营	直营+加盟	直营	直营
餐厅数量（家）	147	121	直营22 加盟41	1	1

毫无疑问，经过快速的业务发展和全国范围内的门店拓展，九毛九已经筑起了品牌资产的经济护城河，并且成了消费者心目中重要的餐饮连锁品牌。

第二增长曲线

近年来，九毛九的营业收入持续高速增长，如图 3-49 所示，2019 年公司的营业收入为 26.87 亿元，同比增长 42.02%；利润 5.05 亿，同比增长 59.31%。利润率同样呈现出逐年不断上升的趋势，从 2016 年的 16.8% 上升至 2019 的 18.8%。这体现了公司品牌强大的生命力，同时也能够看出九毛九在业务结构的安排上很好地杜绝了单一品牌可能面临生命周期短的隐患，未来依旧保持着强大的增长动力和空间。

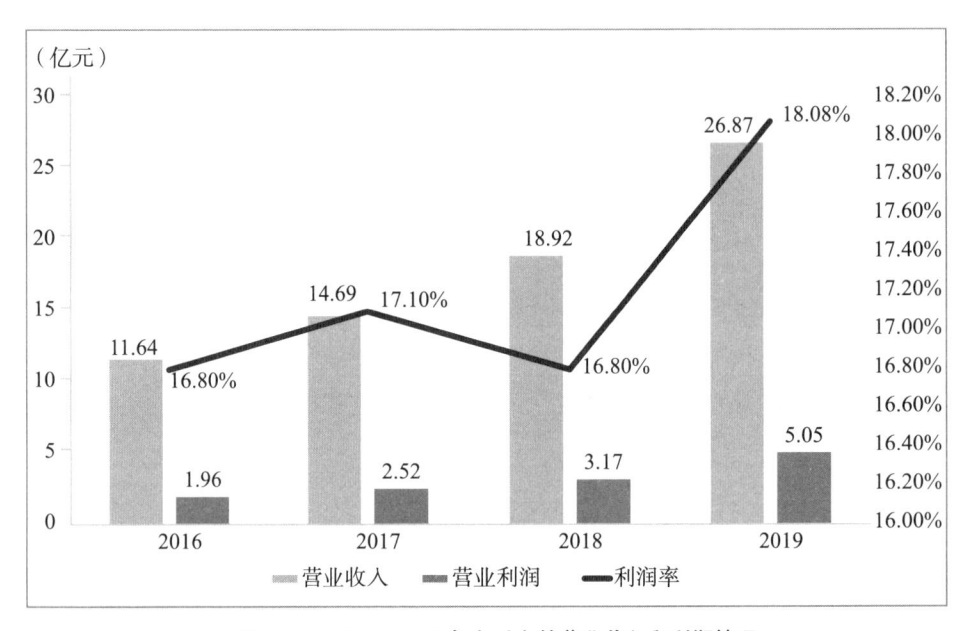

图 3-49 2016—2019 年九毛九的营业收入和利润情况

数据来源：2016—2019 年九毛九公司的财务报告。

九毛九在业务结构上做了哪些优化，使得整体利润实现了巨大的突破，也在利润率上实现了巨大突破？对于九毛九而言，最重要的两个品牌无疑是九毛九西北菜和太二酸菜鱼两个子品牌。

疲于增长的西北菜

在我国，西北菜系市场集中度不高，从市场份额上看，九毛九西北菜尽管排名第二，但与排名第一的西贝差距较大，市场份额仅为西贝的1/4。而且，如表 3-7 所示，2019 年，九毛九西北菜的营收增速、利润增速、翻座率都呈下降趋势，显示品牌发展已经进入瓶颈期。也就是说，传统的主营业务已经遇到发展的瓶颈，必须找到业务和盈利增长的第二引擎。

表 3-7　　　　　　　　2016—2019 年九毛九西北菜的财务情况

财务指标/年份	2016 年	2017 年	2018 年	2019 年
营业收入	10.92 亿元	12.04 亿元	13.34 亿元	13.72 亿元
营业利润	1.76 亿元	1.99 亿元	2.30 亿元	2.43 亿元
营业收入增速	–	10.2%	10.8%	2.77%
营业利润增速	–	13.0%	15.4%	5.65%
翻座率	2.5%	2.4%	2.4%	2.3%

如图 3-50 所示，从中国各菜系的市场占有率来看，西北菜仅占 3.3%，属于小众菜系，而且该行业市场容量不大，发展空间有限。经过多年的发展，华南地区的西北菜市场已经接近饱和，而九毛九想拓展区域市场，实施"北伐"又将面临行业老大西贝的堵截。

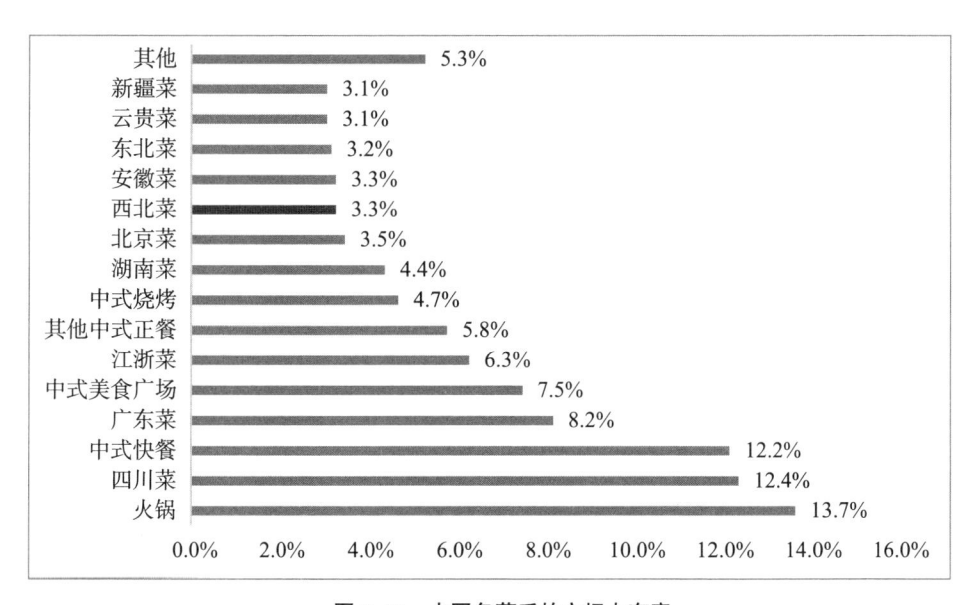

图 3-50　中国各菜系的市场占有率

数据来源：九毛九的招股说明书。

值得庆幸的是，九毛九早有准备。2015 年，也就是九毛九西北菜品牌成长最迅速的时期，就已开始大力创新子品牌，发掘第二增长点。

效率卓越的太二酸菜鱼

太二酸菜鱼是九毛九于 2015 年新设立的品牌，与老品牌"九毛九"相比，它不仅选择了市场占有率排名第二的四川菜系，而且菜品做到了极简：主菜仅保留了一种核心菜品——老坛酸菜鱼，加上其他配菜，如蛋酥软糍粑等，提供的菜式不超过 23 种。

在品牌塑造上，太二酸菜鱼是专为年轻人打造的品牌，为了契合他们追求自我、不迁就的犯"二"精神。店铺装修别具风格，白色墙面搭配漫画壁画，并搭配"酸菜比鱼好吃"的口号。与海底捞员工注重服务不同，由于整个就餐流程标准化、自动化，因此员工只需为顾客提供最基础的服务。对比同行业同样面积的门店，太二酸菜鱼需要的员工数量较少，加上员工培训成本较低，因此控制了员工成本。

门店主打小型轻量化，面积控制在 200 ~ 300 平方米，这就控制了每家门店的投资成本。在就餐人数上，门店没有四人以上的桌，也不能加位。设定四人上限的基本逻辑是，以最高效率服务最大公约数的目标客户群。正是由于以上各方面的共同作用，太二酸菜鱼用最精简的专业团队，通过标准化流程，以最高效的方式，为最大公约数的顾客群提供服务，实现了行业最高的翻座率和最快的门店回本周期。

太二主打老坛酸菜鱼，市场接受度高，受众面广，也可以实现全国范围内规模扩张。同时，我国酸菜鱼餐饮市场预期未来的增长空间较大。根据九毛九招股说明书披露，预计2020—2024年，行业规模年复合增长率可达33.7%。2016年，太二酸菜鱼的营业收入为0.68亿元，2019年营业收入增长至12.7亿元，三年时间增长了20倍！同时，其2016年的经营利润为0.2亿元，2019年的经营利润增长至2.74亿元，也实现了十多倍的增长。至此，九毛九发掘出了自己的第二增长点，开启了第二增长曲线时代。

发现利润池：业务结构背后的秘密

我们从九毛九的招股说明书中可以看出，比起太二酸菜鱼，九毛九西北菜的盈利能力是稍逊色的，但迅速扩张给公司的系列品牌带来了重要的扩张根基，使其能够在创建新品牌之后迅速通过之前覆盖的渠道来实现盈利，从而弥补自身盈利能力一般的问题。正是这种业务结构成就了九毛九重要的交易护城河。

同时，多品牌覆盖多品类，各品牌定位不同但又相互协同，形成特色定位，共享后端供应链，统一采购形成规模效应。具体地说，九毛九定位西北菜市场，太二主打酸菜鱼，两颗鸡蛋煎饼针对小吃品类，怂火锅主营成都冷锅串串，那未大叔是大厨主营精品粤菜。九毛九建立统一供应链部门（中央厨房、物流仓储中心等）支持各品牌协同发展。餐厅门店端制定了标准化运营程序，涵盖餐厅经营的各个方面，包括食材和供应品验收、食材和供应品清洗消毒、食品加工、食品准备和食品装盘装饰等。公司总部设有培训中心和电子培训平台，为员工培训提供帮助。

高速增长的明星业务

九毛九的收入来源主要来自旗下的九毛九、太二两个品牌，其中太二酸菜鱼的营业收入近年增速惊人。如图3-51所示，在业务比重上，太二酸菜鱼从2016年占比5.82%发展到2019年的47.52%。九毛九为了实现这样的营业收入用了10年，而太二酸菜鱼仅仅用了不到5年的时间就完成了超越，足以说明九毛九自身的复制能力是非常强大的。

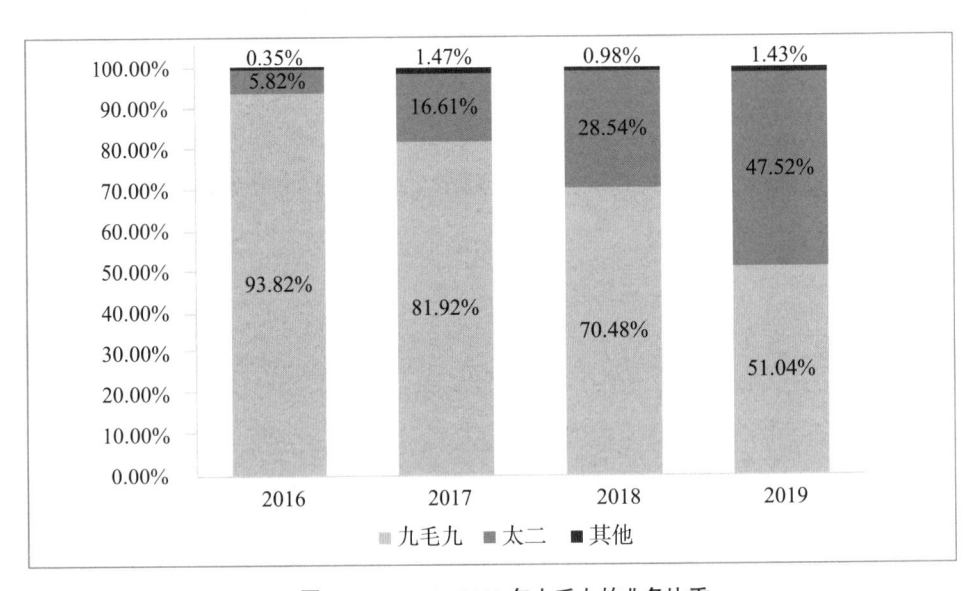

图3-51 2016—2019年九毛九的业务比重

数据来源：2016—2019年九毛九的财务报表。

精心布局的业务结构

由于线下品牌单店的营业收入有天然上限所在，所以要想实现营业收入的上升必须通过不断开店来实现。对于九毛九来说，"九毛九"品牌的使命已经基本完成了，所以门店数量并没有太多的增加。门店数量的增量主要来自太二酸菜鱼的贡献：从 2016 年 13 家门店到 2019 年的 121 家门店，这主要是因为太二这个品牌本身的价值得到了认可，只要不断覆盖九毛九已经确定的有商业价值的商圈即可，而其他品牌还在价值确认的过程中，所以并没很快扩张。

在加速扩张门店数量从而带来营业收入持续高速增长的同时，九毛九的营业利润率也实现了整体提高，门店规模的扩张也形成规模效应。2019 年，整体利润的提升更多来自拥有更高毛利率的太二的高速扩张，拉动整体经营效率，从而改善了经营利润率结构。太二受益于九毛九前期的探索，其自身发展的速度不但快，而且效率也高出很多。

这样的收入结构产生的效果体现在多个方面，如成本费用率方面。例如，原材料成本占比呈上升趋势，主要受食品成本价格上涨影响，但随着太二餐厅数量的增加，将出现采购规模效应，上升趋势将得到控制；员工成本占比呈下降趋势，主要是因为门店内服务标准化、自动化程度高，店内所需服务人员相对少；租金成本占比维持平稳、略有上扬，主要因为品牌力、引流力获得很强的议价能力，使租金维持在较低水平，而同时由于门店多位于一线城市的核心商圈内，且多采用浮动租金制，对公司整体租金成本有一定的拉升作用。

交易结构的竞争优势

第一，SKU 数量少。原材料成本占比相对较低主要由主营品类决定。如图 3-52 所示，海底捞、呷哺呷哺主营火锅，两者店内 SKU 都超过 100 个，供应链复杂，原材料占比相对较高；九毛九属于中式快餐；大快活和大家乐属于港式快餐，上游采购端相对简单，原材料成本占比较低。相比之下，太二酸菜鱼的 SKU 更加精致、更加聚焦，甚至少于味千拉面。

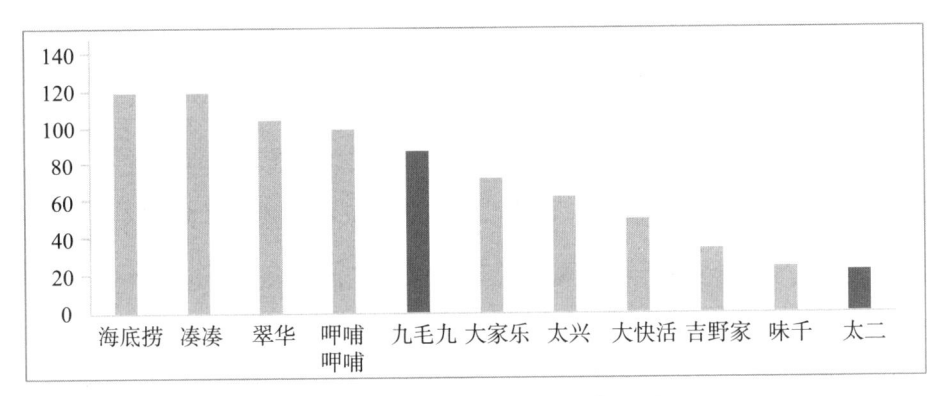

图 3-52　各大餐饮集团的 SKU 数量

第二，品牌议价能力强大，租金成本占比低于行业水平，这也是品牌护城河带来的竞争优势。餐饮企业主要通过品牌力进行议价来控制成本。九毛九通过强大的品牌力和引流力获得较大的租金折扣以及 2～3 个月免租期，同时采用最低租金与或有租金取高者支付，该模式使大多数门店都维持稳定的租金占比。或有租金模式虽然降低了成熟期门店的利润弹性，但将物业出租方的利益与门店效益绑定，便于门店获取更优的区位条件。这也为九毛九后续孵化和复制其他品牌带来了巨大的成本优势。

第三，员工服务效率高，员工成本占比低于行业水平。近年来，因用人成本普遍攀升，行业内人力成本整体呈现上升趋势。但九毛九通过门店运营流程标准化、精细化，对人力成本实现了控制。

综上，九毛九集团依靠西北菜起家和发展，并建立起了自己的品牌，构建起品牌的护城河。在九毛九西北菜发展的高速阶段，又孵化出新业务增长点——太二酸菜鱼。更重要的是，新业务具有更优质的财务结构、更强大的盈利能力和更高效的交易结构，筑起了九毛九看不见的交易护城河，从而提升了该公司整体的竞争优势，如图3-53所示。

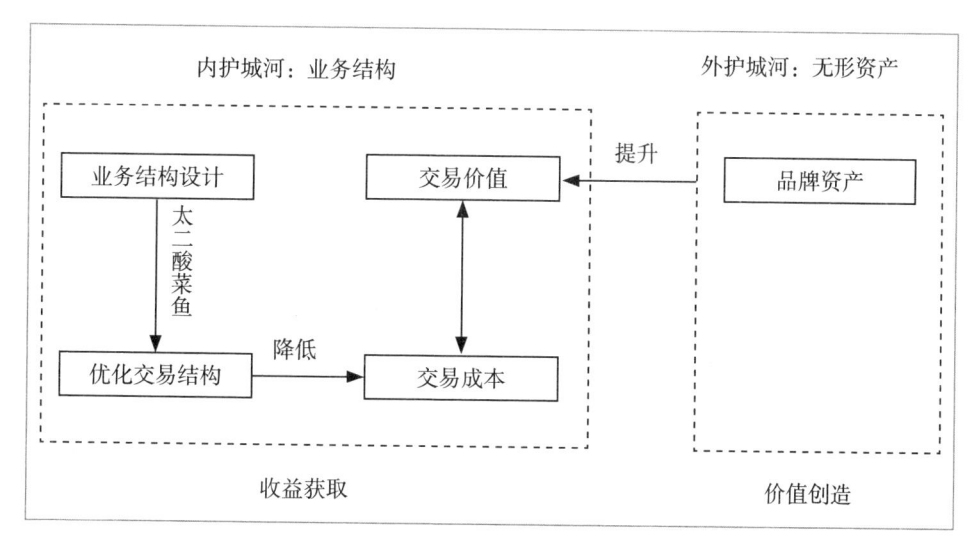

图3-53 九毛九集团的护城河

第二部分

如何发现和构筑企业的护城河

第4章

影响企业护城河变化的关键因素

师从巴菲特的价值投资者的必备技能之一就是能够识别出有经济护城河的好公司。这通常需要三个步骤。

判断企业是否有护城河的三个步骤

判断一家企业是否有经济护城河只需要三步,如图4-1所示。

第一步,我们要审视企业是否有高资本回报率和高交易价值。一方面,我们要审视其以往的资本回报率,因为超群的资本回报率意味着其可能拥有护城河,而糟糕的资本回报率意味着企业缺乏竞争优势,除非公司业务出现实质性的变化;另一方面,我们可以根据公式 $V=P \times Q^2$ 来审视企业是否有很高的交易价值。护城河是企业内在的结构性特征,某些企业天生就比其他企业优越,它们更有可能创造出可持续的高资本回报率,这正是需要投资者耐心寻找的重要特征。

第二步，我们需要判断企业是否具有四种结构性竞争优势，即四个类型的经济护城河。我们在进行判断时也有具体的做法和标准。

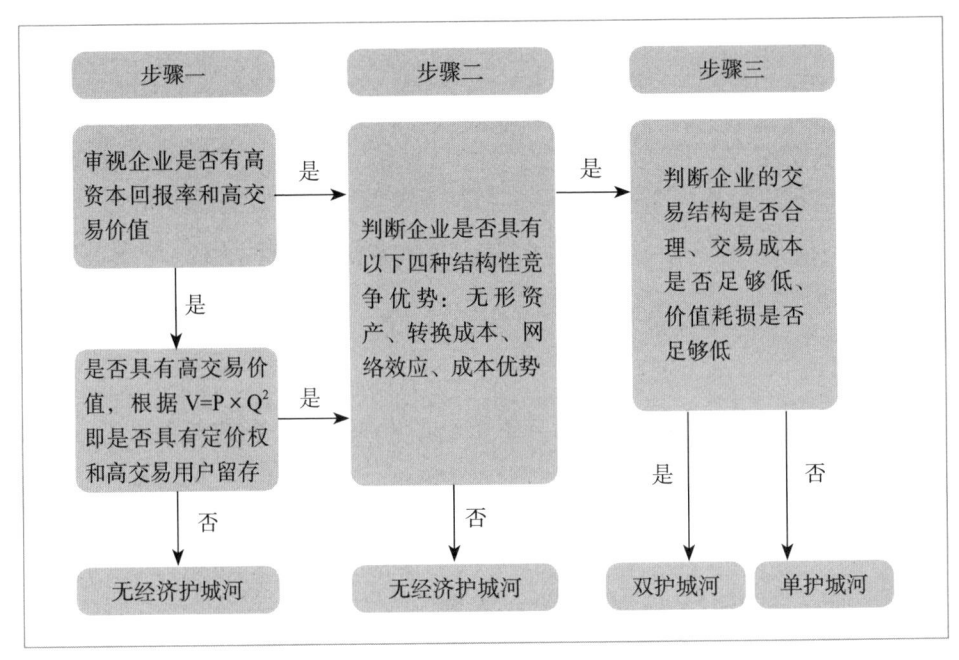

```
步骤一                    步骤二                    步骤三

审视企业是否有高
资本回报率和高交    是→  判断企业是否具有    是→  判断企业的交
易价值                    以下四种结构性竞         易结构是否合
                          争优势：无形资          理、交易成本
   ↓是                    产、转换成本、网        是否足够低、
是否具有高交易价          络效应、成本优势        价值耗损是否
值，根据 V=P×Q²      是→                         足够低
即是否具有定价权
和高交易用户留存                                  ↓是        ↓否

   ↓否                       ↓否

无经济护城河              无经济护城河            双护城河    单护城河
```

图 4-1 判断企业是否有护城河的三个步骤

无形资产护城河具体地说就是品牌护城河、专利护城河和政府授权。品牌护城河主要体现在品牌搜索能力和品牌溢价能力。品牌搜索能力主要体现在消费者因品牌而反复购买其产品；品牌溢价能力体现在消费者愿意为高价买单，例如同样是白酒，即使茅台比其他品牌价格贵很多，但仍有很多人愿意购买。在判断专利护城河时需要注意，如果企业仅有一项专利优势，就很容易被同行业中的竞争者替代。而想要真正拥有专利护城河，企业就需要有更多的专利和持续的创新能力。政府授权护城河属于较为宽阔的护城河，判

断的指标有高毛利率、低（负）净营运周期等。

转换成本护城河是指使用者在转换其他同类产品时，容易出现时间、精力、金钱等方面的耗费，而促使使用者拒绝更换其他同类产品。银行、金融、软件、医疗卫生、航空高科技配件、通信行业等行业和领域中的企业比较容易拥有转换成本护城河，而零售消费品、餐饮、服务等行业中的企业不容易拥有转换成本护城河。判断指标有毛利率等。

网络效应指人们会因为网络聚集效应而一起加入某个网络，从而形成人越多、网络效应越大的良性循环。信息行业中的企业比较容易拥有网络效应护城河。判断指标有资产周转率等。

成本优势护城河具体指的是企业有优化的流程、特殊的地理位置和独特的资源。例如，美国西南航空公司通过流程优化降低成本，提高了自身的竞争力。但需要注意的是：首先，优化的流程一旦被竞争对手复制，就很容易被超越；其次，特殊的地理位置由于难以复制，因此这种成本优势比优化的流程更持久，例如医院附近的鲜花店、旅游景区的饭店等；最后，独特的资源包括各种矿产资源，例如加拿大的工业盐企业，那里有世界上最大的工业盐矿，可以供应世界上95%的工业盐使用，独特的资源形成了独特的竞争优势。判断指标有毛利率和三费占比等。

第三步，判断交易结构是否合理、交易成本是否足够低、价值耗损是否足够低，以确保较高的交易效率和足够的收益获取。如果通过设计能够使具备不同优势资源和能力的利益相关者在同一个交易结构下完美合作，就将大大提升整个商业模式的价值，参与的各个利益相关者也将实现自我价值的最大化。例如，国美、苏宁等家电连锁卖场都对家电价值链上的销售环节进行独立规模化运营，为家电品牌制造商分离销售环节、专注于制造环节提供了机会，而且只要国美、苏宁与家电品牌制造商的交易条件是合理互利的，那么家电制造商的每一款产品就都可以通过国美、苏宁的大量门店增加销量，直达各个地区的终端消费者，这种交易价值无疑大过家电制造商自己建立销售渠道，同时也大大降低了它们自产自销的交易成本。我们既可以用净利润的高低来衡量企业的交易结构是否合理，也可以以此判断企业是否具备第二条交易成本护城河。

哪些因素可能导致护城河发生变化

第一个因素是技术变革。在一个行业中，一旦有企业通过技术创新推出一种新产品，而且物美价廉，就意味着那些曾经拥有护城河的企业的竞争优势可能会在一定时间内消失。我们以长途电话业务为例。在互联网出现之前，长途电话业务曾经无限风光，人们只能通过这种方式进行远距离通话，但互联网的出现颠覆了长途电话业务的优势。特别是现在，人们可以通过网络进行通话，有可能还是免费的，这让曾经的长途电话业务运营商面临着前所未有的危机，它们曾经牢不可破的护城河受到了严重的侵蚀。

第二个因素是行业结构发生重大变化，而这种变化对护城河带来的破坏通常是永久性的。这种变化有时可能表现为原本分散的客户出现了集中效应。例如，沃尔玛等大型连锁零售商为消费者提供了便利和实惠，导致客户群体集中，从而形成了买方市场。这对消费者来说肯定是有益的，但这样的结果不仅导致消费品生产商的运营机制出现了不可逆转的恶化，而且使这些生产商丧失了产品的定价权。但有时，一些竞争对手不以赚钱为目的（如一些企业可能会为了政治目的或社会目的）而降低价格、牺牲利润。单个企业这样做可能会导致整个行业产生变革。例如，美国的飞机发动机行业在多年以前一直由三家公司操纵，按照行业惯例，这些公司以成本价甚至低于成本的价格销售发动机，而依靠长期收取服务费来盈利。但在20世纪80年代中期，这三家公司中的劳斯莱斯公司遭遇财务危机，迫切需要政府的帮助，于是该公司决定同时降低发动机的售价和服务费。虽然这种做法确实帮助劳斯莱斯实现了盈利，但打破了行业惯例，损害了另外两家公司的利润，也损害了整个行业的利益。

第三个因素是破坏性增长。说到破坏性增长，我们第一时间可能想到的是著名管理学大师克莱顿·M.克里斯坦森（Clayton M. Christensen）提出的破坏性增长战略。克里斯坦森认为，小企业可以通过低成本、功能简单的产品占领低端市场，从而在大企业不屑竞争的领域寻找壮大的机会。但我们这里所说的破坏性增长指的不是小企业，而是大企业，就是说一些企业在发展壮大后容易冒进，向其他没有护城河的领域盲目进军，结果可能是增长越快，对自己的竞争优势造成的破坏就越大。以微软公司为例，它的竞争优势主要在核心操作系统和办公软件领域，它在这两个领域拥有宽阔的护城河。但20世纪末21世纪初，微软公司却向其他领域扩展，而在这些领域它并没有护城河，大多以失败告终，例如在儿童玩具和欧洲几家有线电视公司方面的投资。

企业的护城河并不是一成不变的，可能会受到侵蚀。这就需要我们保持警惕，密切关注企业的竞争态势，盯紧护城河受到侵蚀的种种迹象。如果能尽早发现某种衰退信号而采取适当措施，就有可能减少损失。

经济护城河为何会变窄

无形资产护城河变窄

在无形资产护城河中，政府授权是企业难以控制的，很多时候取决于政策的变化；专利技术会到期，企业可以持续创新，掌握新的专利技术；品牌最容易受到侵蚀。无形资产护城河的变窄很多时候都是由品牌护城河变窄导致的。

品牌护城河变窄除了产品和服务品质差、品牌遭遇危机公关事件等原因外，通常还有以下几个原因。

第一，品牌代际衰减。品牌通常有年代符号。随着我国消费群体结构的变化，以"90后"群体为代表的新生消费军团崛起，并成为消费主力人群。很多处于衰退期的品牌都犯了一个致命错误，即将产品老化视为品牌老化。品牌老化只是品牌的"中年危机"，产品老化则是品牌生命中的癌变。

第二，价值主张过时。价值主张是指品牌通过其产品和服务所能向消费者提供的价值。品牌的价值主张不仅包括提供给消费者的利益，而且还包括品牌对社会和人群的态度和观点。品牌对社会的态度和观点主要来自对社会行业潮流的把握。然而，每个社会每个年代都有不同的风潮，一代人接受的价值主张在下一代人眼中很可能就不成立了。

第三，需求衰退。例如进入数字化时代，可能没有人会用 VCD 机看电影，也不会有家长再给孩子买小霸王学习机了。在科技光速发展的今天，任何品牌的产品都有可能在几年之内被淘汰。例如，700Bike 是 2012 年推出的一个城市自行车和周边运动产品的品牌，其自行车产品曾获得 2017if 和红点奖。但这么酷的城市自行车却突然卖不动了，最主要的原因是共享单车来了。700Bike 想要解决短距离交通不便等问题的初衷没有错，而且它让时尚的自行车重新成为生活选择，但停满大街小巷的共享单车打碎了 700Bike 最基础的用户刚需，刚需之外的一切都成了浮云。

第四，被竞争对手取代。市场上出现了强势的替代品，抢占了品牌原有的市场和消费者。提起可乐，多数人第一时间就会想到可口可乐、百事可乐。在现今的饮料圈，几乎再找不出一个能与这两家匹敌的可乐品牌。其实在二三十年前，天府可乐、非常可乐、崂山可乐等十余款国产可乐也曾红极一时、风光无限，但伴随市场冲击、消费变革，它们似乎已经少有露面，逐渐淡出消费者的视野。

转换成本护城河为何会变窄

转换成本指用户从一个产品转到另一个产品时需要付出的代价，主要有生理成本、流程成本、财务成本、关系成本四种形式。护城河的宽窄是由转换成本的高低来决定的。

第一，生理成本。你可能听说过可口可乐的更换配方事件。1985 年，可口可乐宣布更换可乐配方，公司高层对此都很有信心。然而接下来的几个月，新配方成了公司的噩梦：无数消费者打来热线电话，控诉换配方的行为，说新配方的可乐超级难喝，甚至说它们正在毁灭美国的象征；人们走上街头，穿着写着抗议文字的T恤，把新配方的可乐倒在地上；人们开始收集原配方可乐，黑市里一罐原配方可乐被炒成天价……可口可乐公司的销售收入随之大幅缩水。无奈之下，公司只好换回原配方，这才化解了这场危机。这说明"口味"是可口可乐公司强大的转换成本护城河。那种长久以来陪伴消费者的熟悉味道连可口可乐公司自己都无法打败，更不用说其他竞争对手。

第二，流程成本。例如，某公司之前一直使用的是用友公司开发的财务软件，前段时间有不少其他软件公司向其推销更便宜、更好用的财务软件，然而都被回绝了。这是因为这家公司的管理者明白，更换财务系统需要转移数据，这个过程不仅会耗费大量的时间和人力，而且会有数据格式不匹配、数据丢失、数据出错的可能性，加上全体财务人员需要重新学习新软件的使用方法，这一切都算是巨大的转换成本。新软件带来的优惠和便利与巨大的转换成本之间孰轻孰重显而易见。

第三，财务成本。想想你在航空公司、酒店、商场超市的积分和会员身份；想想你在游戏里充的点券以及买的装备和皮肤；想想你为各种会员卡充的钱。当你想放弃或换掉这些服务时，是不是会有一种心痛的感觉？因为你离开它们的转换成本很高。这类预付款和积分就是财务成本。

第四，关系成本。桌游吧可以让玩家建立起强联系，一群人在一起玩游戏习惯了，就很难换地方；旅行社可以让旅客建立起强联系，和一群人一起旅行习惯了，离开的时候人们会依依不舍……这些都是关系转换成本。例如，微信被普遍应用后，大量的QQ用户很轻松地就转换成使用微信，关系成本越来越低。

网络效应护城河为何会变窄

在具有网络效应的行业中，产品对一名用户的价值取决于使用这个产品其他用户的数量，用户越多，越有价值；越有价值，用户越多。网络效应在互联网行业表现得尤为明显。

举个例子。某男同学是婚恋交友网站的付费会员，你猜他希望网站上的女同学更多还是更少呢？当然是越多越好。女同学呢？当然也希望男同学越多越好。所以，如果这家网站男同学和女同学都非常多，甚至是最多的，一位新用户在犹豫把会员费交给谁时会如何选择？他很可能会选这家。而因为他的加入，这个网站的用户数就更多了，后来的同学也更容易选这家。所以，如果你打算创业做婚恋交友网站，你需要具备的最重要条件就是用户人多，拼命找用户。只要你的用户数量突破了临界点，用户数量就会爆发式增长，护城河会宽到让竞争对手主动退出。这时，人们会认为这个领域格局已定。在经济学上，我们将这种因为网络效应而终将走向赢家通吃的行业称为自然垄断行业。

互联网行业的创业者在进入这个行业时最好都穿上一双"停不下来的红舞鞋"。因为这场比赛不是谁先到终点的比赛，而是谁先越过临界点的比赛。最早越过临界点的人，网络效应会帮他更快地直接抵达终点。

除了互联网，还有哪些行业也有这样一条自我增长的护城河呢？金融业具有典型的跨边网络效应。例如，证券交易所中上市的公司越多，投资股票的人就越多；反过来，投资股票的人越多，愿意来该交易所上市的公司就越多。具有跨边网络效应的还有信用卡业，商户越多，用户就越多；用户越多，商户就越多。而电信行业具有典型的单边网络效应。例如，加入中国移动的用户越多，后续加入的用户就越多。多到一定程度，很多人就会退出联通或电信的网络。

需要注意的是，在企业的增长阶段，网络效应带来的价值增值是指数级的，而在企业的衰退阶段，网络效应带来的价值的衰退也是指数级的。

成本优势护城河为何会变窄

成本优势是强大企业护城河的可靠来源，而这类护城河的变窄可能是因为低成本越来越可复制。

被竞争对手模仿流程是使流程优化构建的成本优势护城河变窄的重要原因之一。例如，快捷酒店是经济型酒店的一种，其特点是功能简化，将服务功能集中在住宿上，力求在该核心服务上精益求精，而把餐饮、购物、娱乐功能取消，床＋早餐是快捷酒店的真实写照，所以运营成本大幅降低。锦江之星是最早的快捷酒店之一，它通过流程优化建立起成本优势，在全国范围内实现了快速扩张，建立起成本优势的护城河。然而它成功之后，大量快捷酒店（如汉庭、如家、7天、格林豪泰、速8、莫泰168等）通过复制其模式、优化其流程迅速崛起，这些后起之秀甚至将成本优势发挥到极致。

第 5 章

巩固企业的护城河

随着时间的推移,企业的护城河可能会变窄甚至干枯,而一旦出现这些情况,就需要企业对护城河进行持续的巩固和维护,甚至是深挖和拓宽。如何持续地巩固和修复护城河也是企业长期的工作之一。

如何维护和修复经济护城河

企业的经济护城河也需要持续修复和巩固,这将使护城河变得更深、更宽,更有效地抵御竞争对手的进攻和侵略。护城河的维护和修复通常有以下几种方式。

品牌重塑

品牌重塑是指推翻以前品牌在人们心中的形象,通过重新定位目标消费群体、提高产品质量和服务、运用品牌营销等手段，重新推广品牌形象、提高品牌知名度，进而逐步产生品牌号召力，形成品牌效应和品牌核心价值的过程和活动。

纵观当下，品牌重塑的例子比比皆是：哈根达斯为了吸引中低端消费群体，脱下高贵的深紫色的贵族包装，销售业绩大大高于换装和调整价格之前；可口可乐、百事可乐、星巴克等品牌换商标的现象频现，以改善人们对其产品形象的视觉厌倦，应对同质化竞争环境下的消费选择疲劳，而且为了更好地融入中国市场，可口可乐甚至将英文 Logo 改成了中文，此举迅速获得了中国消费者的认同；德国汽车品牌奔驰为了适应中国市场的需求，毫不犹豫地脱下披挂了上百年之久的贵族外衣，推出了适合中国市场需求的中低端车型，尤其是中低价位的 SUV；吉利汽车以一款名为 ICON 的全新 SUV 以及新的车标宣布了品牌升级，这是以新款产品和新的产品标识进行的一次组合拳式的品牌重塑，其效果有目共睹。

一些优秀的传统品牌审时度势，积极转型，在一次次的尝试和探索中重塑品牌，为品牌发展注入了新的生命力。以百雀羚、五芳斋、六神这三家传统品牌为例。

很久以前，一提到国货护肤品牌，人们就会下意识地联想到"廉价""低端"等标签，但随着百雀羚等国货品牌的崛起，国内消费者渐渐改变了这种观念。目前，百雀羚是国内护肤品市场占有率较高的国货品牌之一。

五芳斋也是著名的老字号品牌，作为其"镇店之宝"的粽子时至今日仍然热销，在一代又一代人的记忆中飘香。在江浙沪地区，五芳斋粽子的线下市场占有率一直超过 70%。五芳斋通过渠道整合（包括电商平台、线下门店平台和全国 3.5 万个触点销售网络）实现了第一轮全渠道整合和终端互联网化，然后通过渠道虚拟化让门店货架无限延伸，扩展有效销售时间，最后当将所有的消费者聚合时，运用庞大的互联网机构丰富了商品供应。

上海家化旗下品牌六神与百雀羚、五芳斋一样，也是知名的传统品牌。从诞生起，六神品牌就围绕着"夏天"和"中草药"两大核心元素。在很多人心里，六神几乎等同于夏天的味道。虽然六神花露水深入人心，但作为六神品牌来说，却面临着品牌老化和品牌价值无法扩张的问题。近年来，六神通过产品年轻化和传播年轻化实现了品牌重塑，其优秀的社会化营销为六神带来了巨大流量和可观的经济效益。目前，六神已在日化跨品类品牌的道路上渐行渐远，其品牌价值也在重塑中得到升华。

作为市场上品牌重塑较为成功的传统品牌，无论是百雀羚，还是五芳斋、六神，它们都在传统与创新中找到了适合的平衡点，继承传统，推陈出新。正如朱熹所说，问渠哪得清如许？为有源头活水来。

丰富业务触点

转换成本是一种非常强大的护城河，一旦建立起来，就能在企业业务周围形成有效防卫和壁垒，长期守卫企业的价值。如今，支付宝已经成了人们生活中不可或缺的一部分。其实，支付宝的发展过程就是在不断拓宽自身转换成本的护城河的过程。

支付宝的发展有几个关键节点。最初，它只是淘宝内部的结算工具，核心价值是解决交易问题。那时支付宝最重要的创新是担保交易，即买家的钱先放入支付宝，等买家确认收货了，再把钱打给卖家。后来，支付宝成了虚拟账户，并实现了快捷支付。如果一个交易工具没有虚拟账户，那么它只能是一个中间环节，钱还是在买家的银行卡和卖家的银行卡之间流转，因此不管是为了把钱留在支付宝内部流转，还是为了降低银行交易的手续费、减轻接口压力，虚拟账户都是一个势在必行的选择。但是如果每一次支付都需要输入支付宝密码之后再走一遍银行的网上支付流程，那么整个支付流程就太长了。快捷支付是一次重要的创新，用户一旦开通快捷支付，就不需要再输入银行卡密码，而且通过风控，可以将盗刷率降低至可接受水平，优化用户体验。

余额宝的横空出世成功地将支付宝由一个交易工具变成了电子钱包。之后，支付宝又陆续推出芝麻信用（征信）、花呗（电子信用卡）、借呗（小额贷款）、蚂蚁保险（保险）、支付宝公益、信用卡还款等金融服务，进一步拓宽了产品能力和应用场景，真正蜕变为蚂蚁金服。蚂蚁金服除了自身金融业务的发展，还不断获取外部"血液"。据电子商务研究中心的不完全统计，在短短几年时间里，蚂蚁金服投资部投资了100多家公司，主要覆盖出行（哈罗单车、立刻出行、滴滴出行、ofo、永安行、大搜车、停简单、捷停车）、餐饮（饿了么、禧云国际、百胜中国、二维火）、教育（校宝在线）、保险（万通保险、国泰产险、信美相互）、小贷（蚂蚁小额贷款）、理财（趣店）、电子商务（探物、内啥）、企业服务（佳都数据、噼里啪）、媒体（虎嗅网、财新传媒）、人工智能（Face++、深鉴科技、奥比中光）、房产家居（蘑菇租房）、在线票务（淘票票）等领域。同时，支付宝升级为生活服务平台，在极大地方便人们生活的同时，构筑了强大的竞争壁垒，形成了独具一格的商业模式。生活缴费、公积金、社保、挂号、交通违章……这一系列城市服务为支付宝赋予了新的场景，用户黏性更高。

近年来，支付宝更多地占领了线上和线下的支付场景，这是支付宝最重要的战场。生活服务上，与政府加深合作，将更多政务服务和生活服务线上化。支付宝及其本地钱包合作伙伴已经服务超 12 亿的全球用户。

我们可以看出，支付宝不断丰富自身的业务内容，打通自身的业务边界，其目的就是不断筑高自己对消费者的转换成本，这也是加深护城河的重要举措。目前对于支付宝来说，支付牌照已经不再是自身构建护城河的唯一因素，这高昂的转换成本才是深挖和拓宽护城河的关键一招。

消费者对产品和服务的绑定程度取决于两个因素，一个是业务触点，另一个是信息沉淀程度。如图 5-1 所示，业务触点越多，用户使用的频次越高，

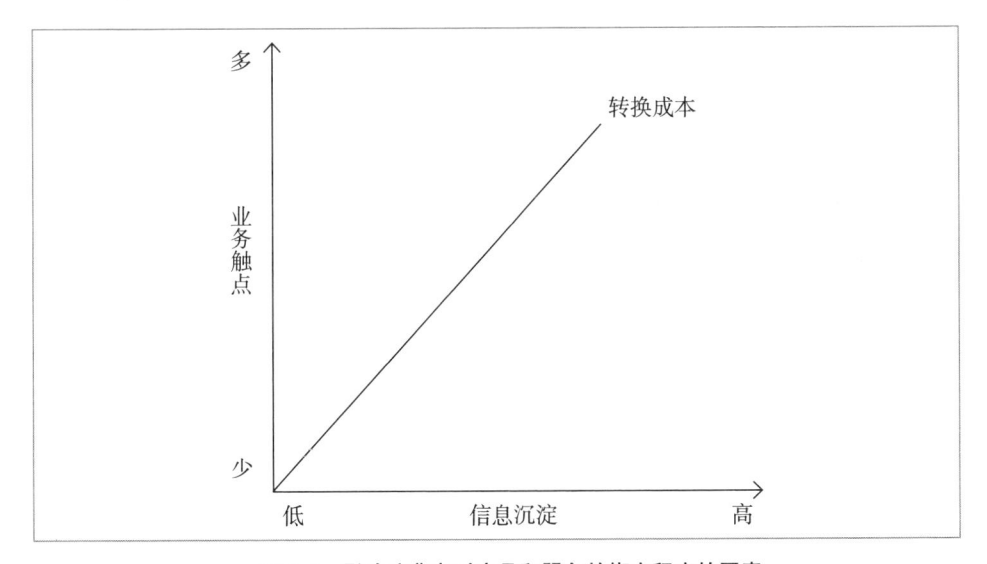

图 5-1　影响消费者对产品和服务的绑定程度的因素

对产品和服务的依赖程度越高，转换成本也越高；数据沉淀越多，信息绑定越多，流程成本越高，转换成本也越高。蚂蚁金服就是这样的思路：不断丰富自身业务生态，让用户打开支付宝的次数越来越多，导致数据沉淀和信息绑定越多，消费者就逐渐无法离开了。只要用户无法离开，商业价值就有可能最大化。

美团其实也是使用同样的逻辑筑高转换成本，以构建自身宽广的护城河。如果美团只是最初的团购网站，其转换成本非常低，消费者有100种其他选择。然而，美团现在已经拥有围绕生活服务的超级流量入口。以美团点评为核心的餐饮业务为例。它逐步发展自身技术，深度赋能餐饮产业链上下游，全面实现对外卖、团购、点餐、支付、供应链等环节的打通，提升用户体验，优化了B端商家的运营效率。而且，美团掌握了3.1亿活跃用户的全生活服务场景的用户画像与消费数据，通过在丰富的服务品类中广泛运用大数据分析，为用户提供个性化推荐，实现"所见即所需"。从团购、外卖、酒旅、电影、出行等，美团点评都在用行动告诉外界，自己真的不设边界。这其实就是在持续增加自身业务触点，强化消费者信息沉淀，筑高护城河，将用户留在流量池中。

繁荣生态

1993年，美国经济学家穆尔（Moore）首次提出了商业生态系统的概念。所谓的商业生态系统是指以组织和个人的相互作用为基础的经济联合体，是供应商、生产商、销售商、市场中介、投资商、政府、消费者等以生产商品和提供服务为中心组成的群体。其优势在于可以多方位地获取用户，并实现用户流量共创、共建和共享，极大地发挥系统的网络效应，帮助企业建立起宽阔的护城河，抵御竞争对手。

互联网行业有这样一种说法："产品型公司值十亿美金，平台型公司值百亿美金，生态型公司值千亿美金。"当今全球企业市值 Top10 中，六席均为生态型企业。建立生态型企业是单业务发展到一定程度后的必然选择，如今苹果、谷歌、阿里巴巴等公司正在向生态型公司转型，它们力图通过产业链布局和用户应用场景创新等竞争策略，成为具有一定行业垄断或主导地位的平台公司，目的是发挥企业的平台效应，建立起网络效应的护城河。生态型企业可分为流量型生态企业、技术型生态企业、业务型生态企业和资本型生态企业。

流量型生态企业会进行系统布局，简单直接，通过对流量大数据的掌控，在流量变现的节点布局，进而将其核心的流量能力变现为细分行业的核心竞争力和商业价值，如通过大数据挖掘培育金融征信体系，形成面对传统金融的强有力竞争者。以 BAT 为代表的第一代生态系统企业基本都是流量生态型企业，这是互联网时代轻资产公司的最佳竞争战略。阿里巴巴因通过淘宝为中小企业搭建交易平台而拥有大量黏性客户，通过投资新浪、高德地图、百世物流、天弘基金等其他业务进行流量导入和业务组合。收集、挖掘和利用大数据是整个阿里生态圈的共同特征。而腾讯生态圈的基础是 QQ 和微信等社交平台的流量导入，其投资的饿了么、大众点评、京东、CJ Games 等都以微信和 QQ 作为重要流量接口，并靠微信支付进行流量分发和实现快捷支付。腾讯依靠流量链接社交与生活服务、游戏等其他行业，衍生出高附加值的产品和服务。百度生态圈通过百度搜索、百度地图等作为流量入口，布局爱奇艺、百度外卖、百度糯米、去哪儿等流量变现节点，并积极发展百度钱包作为支付工具，形成自己的流量闭环。

技术型生态企业以华为为代表。华为在通信领域耕耘多年，成为中国少有的以技术创新为发展基石的企业。其基于通信技术，在水平层面整合语音、视频和数据；在垂直层面，开放自身的通信平台，将企业的通信能力与行业需求整合，帮助合作企业进行数字化转型，进而依托其核心技术，发展运营商、企业、终端三大业务，形成华为独有的通信生态圈。

业务型生态企业以蒙牛乳业为代表。蒙牛乳业主张建立业务生态圈，即各利益相关方形成一个紧密联结的"圈子"或平台，不局限于业务的合作，帮助撬动合作伙伴的能力，突破现有的产业合作边界，和生态圈伙伴一起致力于技术创新、体验创新、营销创新、管理创新与公益创新，给彼此带来更多互联价值，形成系统化、一致性的再生发展。为配合生态圈的建设，蒙牛每年举办"圈内会议"，会议除了邀请蒙牛集团各业务链的专业管理者外，还会邀请中外战略合作伙伴。

资本型生态企业以复星和小米为代表。小米通过"小米产业＋顺为资本"的双轮驱动模式，构建其混合型生态体系。小米产业主要通过硬件、软件和电商平台三个层面整合服务，为顺为资本的投后管理提供运营经验；顺为资本在符合小米战略意图的领域进行投资，形成小米产业的护城河，最终小米打造了一个产融结合的闭合生态圈。围绕生态圈计划，小米通过资本和品牌输出，累计投资了超过100家公司，涉及硬件、医疗、社交、教育、文娱、游戏、电商、本地生活、房地产、金融。这些公司加入小米电商平台，利用小米的营销能力和流量导入，降低宣传成本，通过低毛利高销量的模式，实现生态链企业的转型发展。复星通过投资布局国内外六家保险公司，如葡萄牙保险公司 Fidelidade、美国财险 MIG、鼎睿再保险等，获得年均成本低于 1% 的可投资资产。在投资方面，通过打造富足、健康、快乐的产业生态圈，使不同产业在复星的投资圈内部产生协同效应，形成交叉客户销售。资本成为复星集团内部各个业务的联结要素，基于此形成丰富的生态体系，在客户资源、平台管理资源、财务现金流等方面形成共享，形成生态体系。

叠加护城河

很多基业长青的企业都有两条甚至多条经济护城河。无形资产的护城河往往是很多成熟企业所具备的，因为经过时间的洗礼，品牌价值经过了市场的验证和认可，同时，它们还会继续打造转换成本、网络效应和成本优势的护城河。护城河叠加是有机的叠加，通常会起到 1+1>2 的效果，让企业经济护城河更加牢固，更加不可侵犯。两眼论告诉我们，在围棋中，一枚棋子要能够活下来，最少需要两只眼。如果只有一只眼，那这只眼是死眼，你的这枚棋子是活不了的，这时候还需要另外一只眼，这叫活眼。有了这只活眼，这枚棋子才能活。这个理论在现实生活和商业上同样成立，同样对我们具有指导意义。有两只眼或者说有多轮驱动的公司，其市值增长速度要远远高于其他公司，如表 5-1 所示。

表 5-1　　　　　　　　　　　叠加护城河的企业

企业	经济护城河类别			
	无形资产	转换成本	网络效应	成本优势
苹果	√（品牌）	√	√	
亚马逊		√	√	√

续前表

企业	经济护城河类别			
	无形资产	转换成本	网络效应	成本优势
蚂蚁金服	√（牌照）	√	√	
腾讯		√	√	
Facebook		√	√	
丰田	√（品牌）			√
微软		√	√	
工商银行	√（牌照）	√		

在我国，凡是主张价值投资的人都会提到茅台。茅台到底有多神秘，让价值投资者都趋之若鹜呢？茅台之所以能够基业长青，原因是它有多条护城河叠加。主要体现在无形资产（品牌资产和专利技术）、转换成本和成本优势上。

而茅台国酒的地位是通过一系列重大的历史事件，在人们心目中自然而然形成的，这一点可以从其在大型拍卖场上的受欢迎程度看出来。专利技术体现在，茅台酒不是由单一的酒体酿造，而是由酿酒大师们用几十种甚至上百种不同年份、不同轮次的茅台基酒通过精心勾调出来的。这是茅台第一条非常宽阔的经济护城河。

酒是陈的香。白酒存的时间越长，升值空间可能越大。普通的茅台酒要储存五年才对外销售，这一特色就已经是一个阻止竞争对手超越的巨大障碍。再加上茅台还将每年产量的 30% 留下作为陈酒，供未来勾调之用。酒本来就是"瘾品"，而且消费者对酒的口味是有依赖的，这种生理上的依赖就是转换成本。这是茅台的第二条经济护城河。

此外,业界内外早已熟知"离开了茅台镇就酿不出茅台酒",其具备的特殊地理区位造就了成本优势,同时茅台的毛利率超过90%,净利率高达55%,在同行业和跨行业中都是佼佼者,这两个指标上很难有企业望其项背。这就是茅台的第三条经济护城河。

再举一个例子。科大讯飞是一家专业从事智能语音及语言技术研究、软件及芯片产品开发、语音信息服务及电子政务系统集成的软件企业,其宽阔的护城河来自三条护城河的叠加。

第一是无形资产。科大讯飞最重要的无形资产就是它掌握的核心技术,主要包括语音识别、语音合成、自然语言处理、语音评测、声纹识别、手写识别六大核心技术,其技术的成熟度和领先度可以从其在国际各大科技比赛中的奖项得到印证。但科技发展如此之快,技术可能只能作为浅护城河来看待。更宝贵的无形资产是它的人才。

第二是转换成本。科大讯飞的产品有着不同的转换成本。其旗下手机软件产品(如讯飞输入法、讯飞语音输入、录音宝等),这些产品的转换成本几乎为零,用户只需要花几分钟时间卸载再重新安装竞争者的软件就可以;消费类电子及移动终端行业的产品、公共安全或教育事业相关产品的转换成本很高。语音支撑软件中总营业利润的26.73%,我们可以认为科大讯飞的产品大部分还是具有转换成本护城河的。

第三是网络效应。作为智能语音产业的领跑人,科大讯飞涉及了多个需要运用智能语音技术的领域,为2000多家开发伙伴提供语音开发支持,这些伙伴涵盖了语音技术应用各领域的龙头企业。不仅如此，科大讯飞还渐渐深入教育领域，每年的教育教学收入占总收入的 4.23%。至此，科大讯飞的客户群体不仅仅跨越多个行业，而且占有市场的大份额，单单是移动、电信和联通三大运营商就掌握着所有的电话用户，但是庞大的客户群体并没有为科大讯飞实现网络经济效应，目前其市场份额的优势无法通过网络效应引导出更多的客户，而其竞争者（百度和腾讯等）却具有绝对的网络经济效应。

如何巩固交易护城河

商业模式的创新本质上都是优化交易结构，提升商业效率，帮助用户和企业更好地实现双赢。无论是 C2B、O2O、P2P，本质上都要拉近用户和企业的距离，减少中间环节，甚至消除中间环节，降低交易成本，提升商业效率。例如，土筑虎是一个专业做基础工程垂直产业链综合服务的互联网平台，该平台通过对建筑行业基础工程领域交易链的梳理，优化了交易结构，为上游企业节约了采购成本，为下游企业降低了销售费用，提高了交易效率，创造了价值空间。具体来说，持续优化交易结构来巩固交易护城河有以下三方面的措施。

成本结构如何优化

成本结构是指运行好一个商业模式所需要的所有成本，成本最小化、价值最大化是我们每家企业的最终目标。因此，交易成本最小化的成本结构是最好的成本结构。

这里的"成本"一般指固定成本、变动成本、范围成本和规模成本。第一是固定成本，即员工的工资、企业的房租租金、生产设备等，这些是固定成本；第二是变动成本，如企业的营销费用；第三是规模成本，当一种商品由10件变成100、1000、10 000件时，随着规模越来越大，它的边际成本会越来越低；第四是范围成本，例如随着企业经营范围的扩大，可以有效地降低企业的成本。

固定成本、变动成本、规模成本和范围成本是成本结构优化要考虑的四个重要的成本来源，也是商业模式设计需要考虑的重要因素。如何降低可变成本与固定成本的投入，如何在固定成本投入不变的情况下提升生产效率，如何降低规模和范围成本提高整体的人均产出，这些都是我们要思考的重要问题。

优化成本结构通常有两个途径。一是基于关键资源能力，如海底捞的品牌直接影响了其在商业地产上的租金，沃尔玛的导流效应让各大购物中心都争相免租金让它入驻，它们在租金这一项固定成本上就可以拥有很好的结构性竞争优势。二是基于商业模式的设计。例如对于经济型酒店而言，如家努力降低成本是经济型酒店盈利的基本前提。如家摒弃了传统酒店的购地置产模式，而是采用租赁营业用房、低成本运作的方式，只是对原有房子按一定要求进行装修和改造。这种模式大大降低了酒店的经营成本，也方便更多的人加盟如家，实现了超常规、跨越式发展。另外，如家在日常经营管理中也十分重视降低成本，如两张床共用一盏床头灯；地上铺的是地板，而不是地毯等。如家的这种"精打细算"的做法极大地降低了运营成本，优化了成本结构，提高了竞争优势。

业务结构如何优化

我们可以运用"成长性-盈利性（G-P）矩阵"对业务进行区分，从业务的成长性和盈利能力两个维度对它们进行综合评价。"成长性"可以用"市场增长率"这个指标来衡量，以反映业务发展的速度；"盈利性"可以用"收入利润率"这个指标来衡量，以反映业务获利的效率和水平。G-P矩阵是对波士顿矩阵模型的改造。对比波士顿矩阵，纵轴仍采用反映成长性的市场增长率这一指标，横轴则采用了反映盈利水平的收入利润率，而不是反映市场实力的相对市场份额；同时，象限划分上多了两个象限。如图5-2所示，收入利润率为O的虚线是区分是否盈利的分界线；虚线X是区分业务收入利润率高低的分界线，根据具体业务情况，可以通过标杆对比法、中位线刻画法等测算方法确定；虚线Y是区分市场增长率高低的分界线，可以根据市场平均增长率、标杆对比法等方法确定。这三条线将模型分为六个象限，不同象限里面的业务有不同的特点。

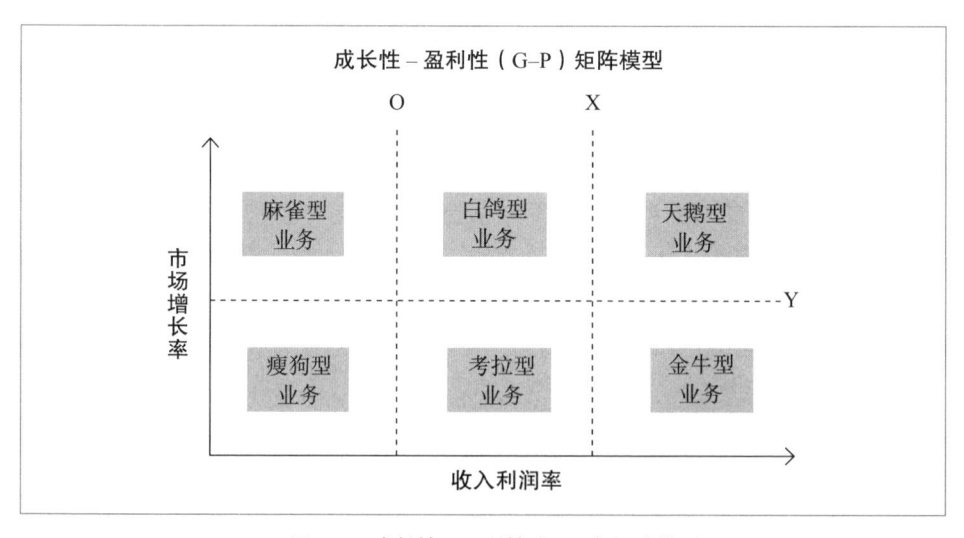

图5-2 成长性-盈利性（G-P）矩阵模型

天鹅型业务指高增长率、高利润率的业务，这类业务盈利能力和发展速度都很可观。

金牛型业务指低增长率、高利润率的业务，又称厚利业务，这类业务能够给企业持续带来现金流，但成长速度较慢。

白鸽型业务指高增长率、低利润率且未亏损的业务，这类业务的市场机会大、前景好，但是利润率较低。

考拉型业务指低增长率、低利润率且未亏损的业务，这类业务的盈利性和成长性都较低。

麻雀型业务指高增长率、未盈利甚至严重亏损的业务，这些业务需要更多投入却无法盈利，处于保本或亏损状态。

瘦狗型业务指低增长率、未盈利甚至严重亏损的业务，这类业务发展速度缓慢，也无法为企业带来持续收益。

优化业务结构的同时，企业还应优化收入结构和利润结构。首先，我们来看一下收入结构。收入可分为一次性收入和持续性收入。收入有以下七类：第一类是资产销售，就是所谓的销售商品和服务，这类收入大部分属于一次性收入；第二类是使用费，如客户持续使用电信服务商提供的通信技术而发生的话费和流量费用是一种持续性的收入来源；第三类是会员费，很多商场、超市、美容院或养生会所向其客户推出会员卡，提供打折或者某种优惠，这是一种预期性收入，也是一种持续性收入；第四类是租赁费，出租一辆车，并按照时间、天数、里程等来获得租赁费用；第五类是许可使用费，如连锁加盟商使用商标和品牌需要交纳的费用；第六是经纪人的佣金，如房产中介或其他中介的经纪人佣金；第七类是广告费，虽然很多互联网公司平台都是可以免费使用的，但它们都是将广告费作为收入来源，如优酷、爱奇艺等影视网站，而且它们会设置 VIP 会员功能，用户付费开通该功能就可以享受更多服务，这个会员费也是网站的一个重要的收入来源。

企业的利润结构是指构成企业利润的各种不同性质的盈利的有机搭配比例，它是企业持续创造收益获取的来源，也是扣除成本费用后的价值留存。关于利润，最著名的公式就是利润＝收入－成本，这个公式反映的利润的来源和利润的产生过程。对不同的企业而言，由于它们所处的行业不同，成本构成不同，利润的产生方式也有相当大的差异。例如，生产型企业的利润主要是由采购价、销售价、加工损耗等因素的关系构成；而服务性企业的利润主要由服务输出获取的收入构成，而且其成本的组成要素相对会更加多样化，因此，利润来源也更加丰富。

设计利润结构时需要关注以下两点。第一，产品和客户真能带来盈利吗？你定义的利润业务是否真的能够带来高盈利，还是它只能作为一个流量业务，通过补贴或免费的方式来获取用户流量。第二，利润池在哪里？何谓利润池？简单地说，利润池就是某行业在行业价值链上的各个环节所赚取的利润总和。这个定义虽然非常简单，但在实际分析中，利润池的结构通常是十分复杂的。价值链上的某些细分市场的"池水"（利润）会比另一些细分市场的"池水"深，而且在各个细分市场内部，"池水"也深浅不一。因此，面对纷繁的市场竞争格局，企业必须要有大思维，了解行业价值链中各项业务活动的利润分布情况，并且预测行业利润池的变化趋势和竞争力量的消长，从而趋利避害，制定出有利于自我发展的竞争战略。通过业务活动、产品、渠道、地理区域等不同的维度绘制利润池拼图，我们不仅可以了解每项业务活动创造了多少利润，而且可以知道是谁创造了这些利润。如果加上不同时间段的行业利润池图，我们还可以了解行业利润池发生的变化，如哪些环节的利润在增加或减少，哪些企业在获利或亏损，以推断出行业的利润结构受到了哪些竞争因素、经济因素以及其他力量的影响，甚至预测未来这些力量将如何改变行业利润池。利润隐藏在产业链的薄弱环节之中。如果你发现了产业链的薄弱环节，你就找到了利润池。如果你找到的利润池离你最近，就算你管理基础差一些，也不妨碍你获得足够的利润；反之，如果那是一个濒于干枯的利润池，你最好早一些离开或寻求破产保护。

渠道结构如何优化

渠道结构是多元的，有传统的渠道和创新的渠道，有直接渠道和间接渠道，哪个渠道最有效，哪个渠道最节约成本，哪个渠道和哪个渠道的结合最能发挥效益，这都是需要企业考虑的。优化渠道结构有以下三种方式。

第一，渠道绑定。与渠道建立深度的关系，如中国国旅与机场零售等渠道深度绑定，使渠道护城河变得非常深；中国烟草通过专卖许可的牌照与全国 600 多万条零售渠道绑定；格力空调通过股权激励，与经销商等渠道成为深度利益共同体，这是优化渠道结构的一种非常有效的方式。

第二，渠道 O2O。通过互联网实现传统渠道网络化，以获得互联网的高效赋能。如盒马鲜生就通过优化渠道结构极大提高了效率，凭空增加的"线上总收入"就是其效率空间。与传统零售不同，盒马鲜生的坪效 =（线下总收入+线上总收入）/单店总面积，所以只要在线下完成交易，就会受到坪效极限的制约；只有把交易放到互联网上完成，才能突破极限。线下门店本来只能服务到店的客人，到店的客人产生"线下总收入"。而如果线下门店借助互联网，也能服务那些不想出门买东西，但又住得不远的人群，将会产生完全不受单店总面积制约的"线上总收入"。所以，渠道结构的变化将使坪效极限获得质的突破。线上线下一盘棋的渠道结构不仅能够满足不同场景的消费需求，而且提高了交易效率，降低了交易成本。线上线下不是割裂关系，而是一盘棋。

第三，渠道一体化。渠道一体化有以下五种范式。

1. 统一[①]范式。统一在渠道建设上最为人称道的是其辅销所模式，即厂家针对经销商的薄弱环节，在管理人员、营销、财务等方面给予人力、物力和优势资源的支持，整合经销商强大的资金实力、丰富的行业经验、健全的销售网络等优势，共建全新的销售经营单位，以取代传统的经销商模式。通过辅销所对经销商的改造，以及短期内通过为经销商制定规范的管理制度和专业的营销方法，不仅可以迅速地优化升级经销商的经营组织活动，使其发生跨越性质变，而且启动投入低，运营见效快。辅销所对厂商关系从体制上进行了根本性的改革，达到厂商高度一体化，加强了对渠道的控制以及对渠道秩序的维持。

2. 格力范式。格力首创股份制销售公司模式，通过在每个省选定几家大的经销商，共同出资、参股、组建销售公司，组成利益共同体，共同来操控

---

① 指统一企业中国控股有限公司。

区域市场。格力先将经销商横向一体化，以扩大其规模，厂家为其提供管理、营销和财务等一揽子支持，这种模式在降低企业成本的同时，使支持的效果更为显著，从而取信于经销商；同时，因合并而规模扩大的经销商对厂家支持的依赖性更强，如此一来，厂商就能达到更高层次的协调一致。股份制销售公司提高了经销商的管理能力，格力也就有能力掌控更多的下游客户，以压缩渠道层级，实现渠道扁平化。

3. 清华紫光范式。清华紫光也是采取一体化策略，推行渠道董事会制度，让每一个渠道商都有发言的机会。总经理将亲自与每个核心经销商沟通。如此广开言路，博采众长，一方面，可以获得经销商很多切实可行的建议，毕竟它们对市场更了解；另一方面，厂家的方案可以得到更有力的执行，因为商家在执行自己制定的方案，配合的积极性更高。

4. 美的范式。美的推行单边的大户激励机制，在各个区域培养少数的销售大户，同时加强厂商之间的联系，将管理、营销等动作渗透到经销商，以加强合作和协调。在空调领域，素有"三分产品七分安装"之说，这种说法体现了这一领域的专业性，特别是在空调的售后服务和工程安装方面，这一点表现得更加明显。而且，未来空调渠道的走向将倾向于专业性。

5. 海尔范式。海尔的垂直分销渠道模式又被称为产销联合体的渠道模式。无论在省会城市、地级城市还是县级城市，海尔都会成立自己的分支机构，并且建立销售网络和渠道，以发展零售商。由于各地营销中心的存在，海尔有能力严格选择零售商，并配合市场销售，举行多种行之有效的宣传促销活动，这也为维护品牌形象和规模化发展打下了良好的基础。这种模式的优点在于取消了中间流通环节，降低了销售渠道的成本，厂家能真正拥有属于自己的零售网络资源，有利于对零售终端网络的控制与管理。产销联合体的渠道模式真正实现了从厂家到经销商、零售商的"厂商双赢"，使渠道成员变成了企业销售渠道的主人。厂家不管是采取由经销商认购公司股份或厂商合伙，还是直接一体化等方式，其目的是以联合投资的方式取代过去的契约合作关系，以强化对经销商的约束和管控，直接以利益驱动经销商的责任心，形成更高程度的厂商一体化，获得厂商之间共同愿景、协调一致的协同效应，直接提升营销方案的执行力和公司的市场竞争力。更有意义的是，厂商在一体化的进程中也能使渠道实现更实质性的扁平化和专业化。

【案例1】乐视的护城河

潮起潮落的"商业新物种"

在中国商业史上，乐视可能是一家神话般的企业。它成立于2004年，致力打造基于视频产业、内容产业和智能终端的"平台+内容+终端+应用"完整生态系统。在互联网视频行业迎来重要发展机遇时，乐视抢占先机，凭借着"生态化反"的颠覆式创新模式，在视频网站优酷、土豆还在烧钱亏损时，乐视的净利润已达到7021万元，成为我国互联网视频行业中第一个宣布盈利的企业，并被冠以"网络视频第一股"登陆A股创业板。之后，以融资平台乐视网为基础，一座"乐视帝国"拔地而起，在资本市场缔造一个又一个神话，最高市值曾接近1800亿元人民币，成为当时创业板市值最高的公司。此时，乐视被誉为"新物种"。

然而，乐视帝国从狂欢到梦碎，也仅三年光景，千亿元市值灰飞烟灭，留下无尽唏嘘。2020年2月27日，乐视网发布2019年业绩快报，公司全年实现营业总收入4.90亿元，较上年同期下降69.01%；归属于上市公司股东的净利润为–112.82亿元，同比下降175.46%，而上年同期的归母净利润为–40.96亿元。又是巨额亏损的一年，至此，乐视已连续三年亏损。

浮华背后，我们更愿意去分析这一个"商业新物种"快速生长和迅速陨落的逻辑，去解读它是如何构建自己的护城河、缔造了一个商业神话，又是什么原因导致了护城河的变窄。

经济护城河铸造的商业帝国

2010年乐视上市成功，招股说明书中的发展规划是这样的：第一步，自设立后用三年时间完成运营平台开发、用户基础培育；第二步，用三年时间健全业务架构，树立乐视网品牌形象，持续扩大市场份额，实现稳定盈利并保持高速增长；第三步，用四年时间建立行业内技术领先、用户庞大、服务内容全面的综合网络视频运营平台。虽然世间没有"如果"，但是我们还是认为这个计划如果一直执行下去，乐视可能真的就会成为一家伟大的公司，即使现在所有的评论都是一边倒的负面评价，也掩盖不了一个事实：乐视是中国目前唯一一家曾经有过盈利的视频公司。我们现在就从护城河的视角来看看乐视是如何一步步从可能走向辉煌反而最终走向衰落的。

无形资产构建经济护城河

企业拥有的无形资产（如品牌、专利或法定许可）能够让该企业拥有竞争对手无法效仿的产品或服务。乐视初期非常重要的外护城河就是其无形资产,具体地说就是其《信息网络传播视听节目许可证》的牌照,该牌照是由国家广播电视总局按照信息网络传播视听节目的业务类别、接收终端、传输网络等项目分类核发的,从事信息网络传播视听节目业务的组织都要获得此证。当时,申办该牌照的单位须具备法人资格,为国有独资或国有控股单位,也就是说只有国企才可以申请,如中央电视台、中国国际广播电台、人民网股份有限公司、共青团中央网络影视中心等,很少有民营企业获得此证。因此,凭借这个证书,乐视于2005年成了联通流媒体内容提供商,这是后续上市利润的重要贡献。牌照在2014年以前为乐视带来了稳定增长的营业收入,更重要的是这些营业收入带来了真实的经营利润。如图5-3所示,乐视网2007年的营业利润仅为1500万,2013年已增长至2.37亿,增长了1580%。

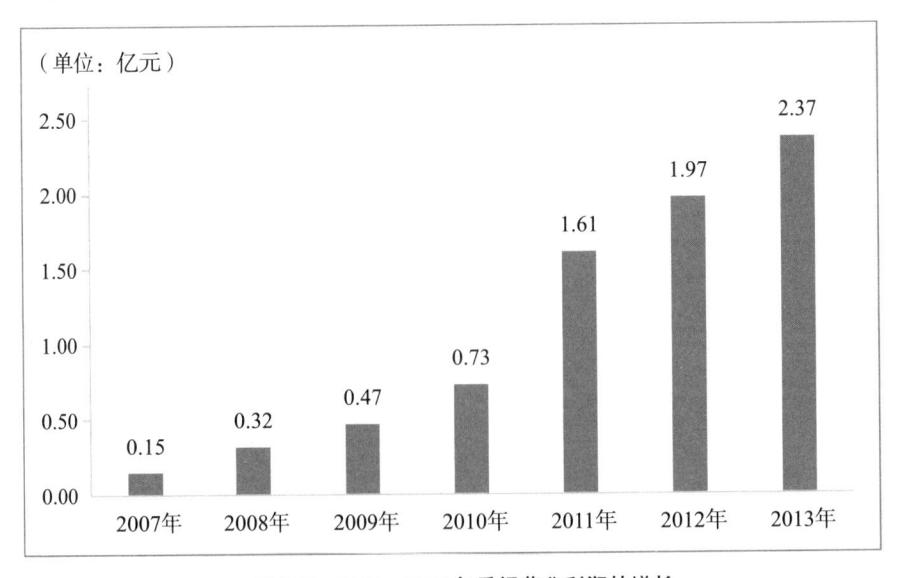

图5-3 2007—2013年乐视营业利润的增长

数据来源:2007—2013年乐视的财务报告。

不仅如此，旗下的乐视体育也通过购买赛事版权，以同样的方式构建起无形资产的护城河。乐视体育经过近三年的野蛮成长，无论是在用户量和营业收入方面，还是在团队规模、融资额度方面都取得了长足的进步，成为涉足体育全产业链数一数二的玩家。在眼花缭乱的布局中，其最为人熟知的莫过于大手笔购买版权，将英超、中超、网球、高尔夫、MLB等全球顶级赛事资源悉数收入囊中。乐视体育版权这一护城河的作用不仅仅使其强大到碾压国内任何对手，建立起品牌效应，成为用户首选的体育平台，更重要的是当用户积累到一定程度，乐视体育就可以结合自身的优势和乐视生态，探索多元化的变现方式，其中会员就是行之有效的变现方向之一。乐视超级体育会员数已突破300万大关，这也是构筑无形资产护城河带来的增值价值。

网络效应继续拓宽经济护城河

在牌照护城河的保护下，乐视网发展了大量的用户，形成了巨大的网络效应。梅特卡夫定律告诉我们，网络的价值与联网的用户数的平方成正比，即网络价值以用户数量的平方的速度增长。随着用户规模的增加，网络效应带来的价值呈指数级增长，而成本是呈线性增长，前期在用户积累阶段需要持续烧钱获取用户，但是在超过临界点时，价值就会超过成本，而且增长越来越快。这就是互联网经济的网络效应，也构成了互联网企业的护城河，随着用户人数的增加，企业的产品或服务的价值将呈指数级提升。

尽管网络效应是一种异常强大的竞争优势，但它并不是不可超越的。而在绝大多数情况下，竞争对手只能望而却步。乐视通过网络效应拓宽了其护城河。从用户数量上来看可见一斑，2013年，在第三方媒体监测平台

comScore 发布的视频媒体 TOP10 榜单中，乐视网在日均覆盖人数这一核心指标上的排名稳居行业第二位，仅次于优酷土豆集团；而在月度覆盖人数排名中，乐视网则影响了 47.8% 的网络视频用户，以 1.82 亿的月度覆盖人数名列第三。可以说，乐视很好地完成了其在上市之初设定的三年发展计划。作为一家幸运的公司，受益于网络经济，这是一种非常强大的经济护城河，可以将竞争对手长期地拒之于门外。

深挖经济护城河，筑高转换成本

在 2013 年出色达成目标之后，乐视网的年报中有史以来第一次提及"生态"二字，这里的"生态"主要是指"平台＋内容＋终端＋应用"，它们都是与网络视频相关的产业链，却只占到了之后乐视"七大生态"中的三项，即手机、内容和大屏。按照之前的计划，乐视网下一个三年的主要任务是继续扩大市场份额。作为唯一一家在中国 A 股上市的视频网站，它希望构建这样的一个生态系统：为用户提供垂直整合的完整价值链，通过持续创新不断改变人们的生活方式。乐视未来的盈利来源被分为四种：硬件、视频付费、广告，以及 LetvStore 和基于智能终端开发的增值盈利。结合乐视目前的业务表现和运营理念，在一定程度上，它让我们看到了中国式苹果公司的某种可能：通过终端定制，改变客厅文化；通过版权收购和视频创作，整合娱乐上下游；通过平台构建，形成多边效应和规模增长；通过应用开发，延伸产品的效用。总体来说，乐视的想法和实践一度十分吸引人。只是与苹果生态不同的是，苹果的生态链是一个闭环，根本不用考虑是否匹配安卓、山寨机，甚至它的芯片都是完全由自己设计的，却能实现极致体验；而乐视的生态链是开放的，它不仅向生态链各个节点的合作伙伴开放，更向用户开放。这种做法也引发了外界众多的争论。

然而，从护城河的角度看，这些做法其实是持续拓宽护城河的有效举措，即明显筑高转换成本，进一步拓宽护城河。企业出售的产品或服务让客户难以割舍，从而形成一种让企业拥有定价权的客户转换成本。我们设想一下，一台电视可以使用七八年，一台手机至少可以使用一年，但如果是一部乐视汽车，则可能使用很多年，想要更换，你就可能付出很高的代价。尤其当这些终端有内容优势之后，使用者的使用习惯更会让乐视的客户黏度大增。可以看出，乐视想通过"硬件+软件"建立起生态模式，在几乎没有转换成本的视频播放行业中牢牢地绑定消费者，与消费者共建一个生态闭环，筑起高高的转换成本。

事实上，转换成本确实是一种非常有价值的竞争优势，只要客户不会跑到竞争对手那里，企业就可能从客户身上获得更多好处。转换成本取决于用户对产品的依赖性和关联性，例如，微信就具有巨大的转换成本，如果用户换用其他的社交软件，可能就会给自己带来社交损失，也很不方便；虽然换手机号码并不麻烦，但是因为手机号码绑定了用户的银行账户等多种生活必须的场景，所以关联性非常强，转换起来也会带来极大的麻烦。这种通过建立生态来筑宽护城河的做法也取得了巨大的成效。在comScore发布的2016年视频网站日均UV TOP10榜单中，乐视视频在2016年1~8月稳居第一名。

综上所述，我们可以看到，乐视不仅讲了一个宏伟的故事，更是一步步构筑和拓宽了自己的护城河：通过牌照构建起无形资产的护城河积累起用户，通过网络效应拓宽了护城河；为了构建更宽更深的护城河，通过建立生态来提高转换成本，在这个过程中还积累起品牌效应。由此可见，乐视的最高374.31元的股价、近1800亿的市值或许真不是吹起来的泡沫，在宽广护城河的守护下，它建起了自己的帝国。然而，近年来它的发展却陷入了困境，抛开一些特殊的剧情，我们会问，这是因为它的护城河变窄了吗？

看不见的护城河

事实上，无形资产、网络效应和转换成本为乐视筑起的护城河一直没有崩塌，崩塌的是另一条看不见的护城河。乐视在创造交易价值方面做得非常出色，构建起十分宽广的经济护城河；然而，随着企业高速的发展，在价值保护上却一直未得到重视，公司忽视了那条看不见的交易护城河。

价值保护的缺失

在互联网行业中，企业想要快速发展和扩大市场份额就需要优先补贴用户，这就意味着要想实现这个目标，乐视就要在2016年之前保持高额的投入。我们通过图5-4可以看到，2013年之后，乐视的销售费用保持了快速的增长，三年增长1213%，2016年达到23.66亿元。销售费用的骤升极大地蚕食了企业的利润。

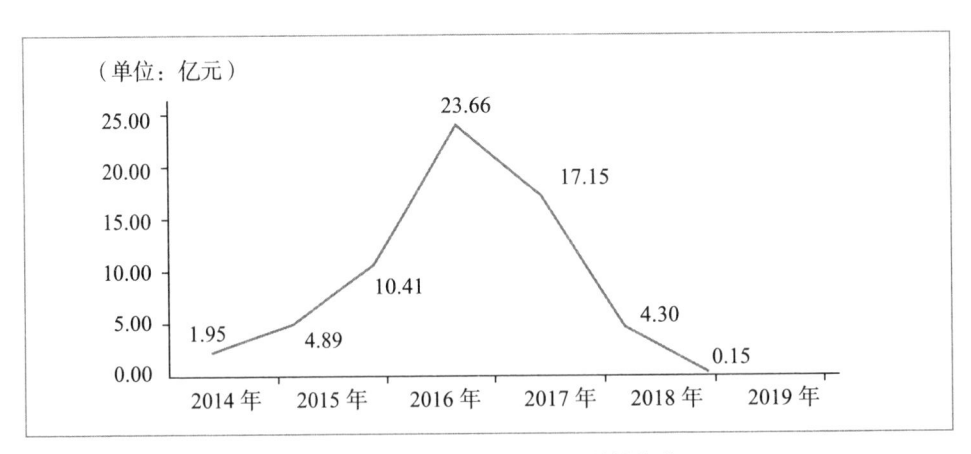

图 5-4 2013—2019 年乐视网的销售费用

数据来源：2013—2019 年乐视的财务报告。

但是计划中的另一半（即"实现稳定盈利并保持高速增长"）并没有很好地实现，这主要是因为视频市场中的竞争愈发激烈。市场总是不断变化的，BAT 也开始进入视频网站市场，并投入了大量的费用。由于有先发优势，因此可以说这些竞争对手虽然对乐视的发展有所威胁，但是绝对谈不上打击，更不能说是致命。如图 5-5 所示，截至 2016 年底，乐视的营业利润亏损 3.73 亿元。

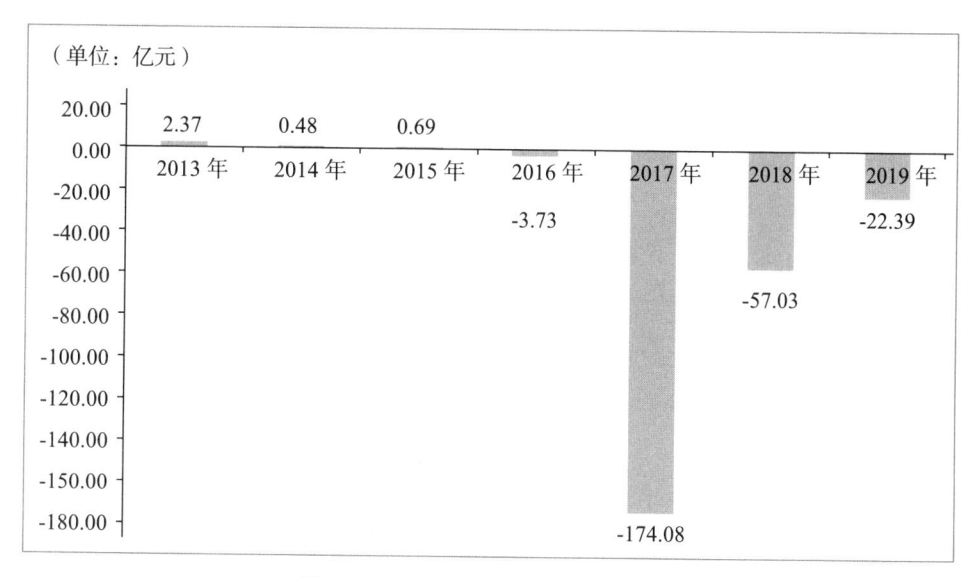

图 5-5　2013—2019 年乐视网的营业利润

数据来源：2013—2019 年乐视网的财务报告。

互联网行业中的大部分公司都会经历一段不赚利润的岁月，之后它们会利用规模效应赚取巨额利润。可以说，当时的乐视是领先于同行的，也可以算得上是成功的。然而遗憾的是，此时快速膨胀的乐视却把所有的注意力都放在价值创造上，而不再注重价值的保护，因此既破坏了原来的交易结构，又推倒了亏损的多米诺骨牌。

被破坏的交易结构

过早破坏了价值保护的交易结构导致了乐视走向衰败。乐视短暂的领先带来了管理者心态上的变化。从2014年开始，乐视先后投资了乐视汽车、乐视体育、乐视金融等多个领域的不同项目，并不断加大对这些领域的投资额度，这一点在乐视的长期股权投资中可见端倪，如图5-6所示。笔者猜测，一方面，公司管理层认为乐视网的成功证明了他们在商业模式运作上的超强能力，希望将这一能力复制到其他领域；另一方面，他们认为乐视能够很快盈利，以为其他领域的投资输送"血液"，这一点在公司2016年的年报中有所表述："2017年是乐视战略新阶段元年，也是乐视网的关键一年，提升上市公司的变现能力、改善公司现金流、实现全面盈利将成为我们工作的重中之重，对此，我们充满信心。"

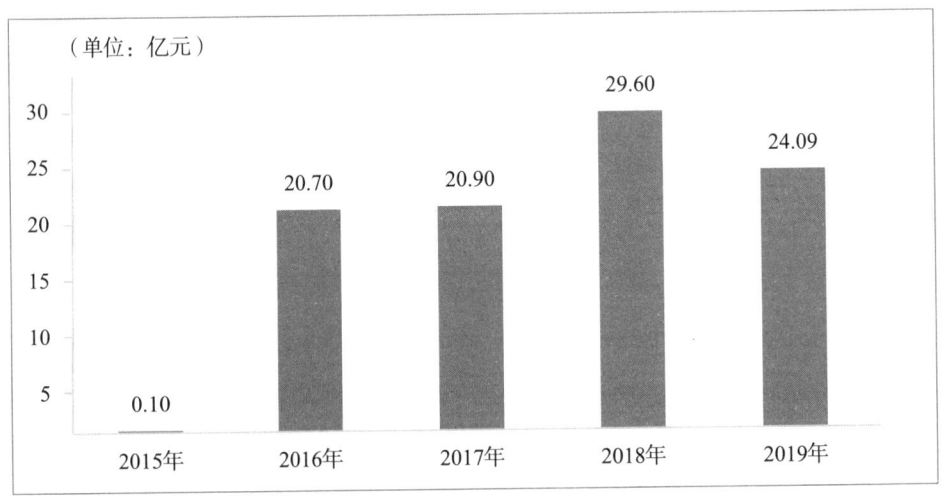

年份	金额（亿元）
2015年	0.10
2016年	20.70
2017年	20.90
2018年	29.60
2019年	24.09

图5-6 2015—2019年乐视网的股权价值投资

数据来源：2015—2019年乐视网的财务报告。

这一错误的判断破坏了乐视原有商业模式下重要的交易护城河——融资结构，进而损害了公司整体的交易结构。在原有的商业模式下，乐视已经实现了用户积累的任务，接下来的任务就是通过费用投入来留存用户，并且在战胜竞争对手后转化客户来实现盈利，而这种模式需要源源不断地投入资金。这是互联网商业模式的特点，资本市场也认可这种模式。如图 5-7 所示，乐视网筹资活动产生的现金流从 2013 年的 11.15 亿元猛增至 2016 年的 94.77 亿元。然而融资向来都是双方的事情，当项目方希望筹资的时候，必须要有投资方认可其投资方向才行，这一点即使是在有抵押的市场中也同样适用。融资金额的猛增同样也是市场对于乐视网在原有生态下的成绩的认可。

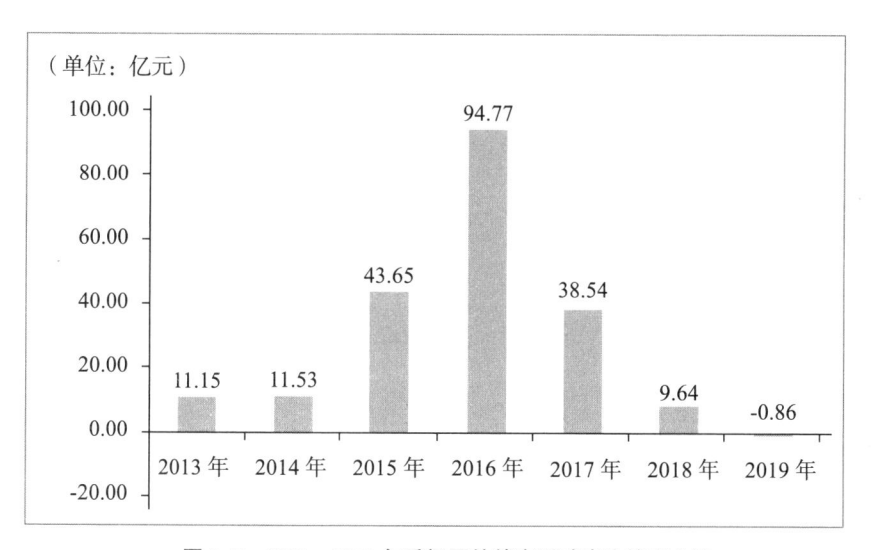

图 5-7　2013—2019 年乐视网的筹资活动产生的现金流

数据来源：2013—2019 年乐视网财务报告。

但是，这 94.77 亿元中的大部分显然没有用于开拓客户和留存客户。我们从财务报表中可以看出，2016 年乐视网主营业务（即视频服务）的三费总和也不过 36 亿，剩余的近 60 亿元的融资通过各种财务手段进入了其他投资项目中。当然，这还是我们能够从表内看到的情况，表外的融资金额虽然无法准确计算，但是我们依旧可以从公开的信息中了解到一些。以场内质押为例，2014 年之后，乐视的股权质押比例一直在 30%～40% 之间波动。2018 年公司年报披露了一些非常规手段。不管是乐视体育还是乐视云等项目，都是与乐视网一样需要前期资金持续投入的项目，更不要说乐视汽车这种资本消耗极其庞大的项目了。众所周知，乐视网从 2004 年成立到自己不断确认、再到外界认可其商业模式花费了近 10 年的时间，背后有其真实的营业收入、营业利润和客户数据的支持。正是基于这样的事实，公司管理层和外界才有了对乐视网之前"平台 + 内容 + 终端 + 应用"这一视频生态的认可和信心，而其他项目就算进展再快、再顺利，没有 3～5 年的时间是无法实现的。我们相信乐视肯定也很清楚这一点，但是为什么当时公司管理层还会做出这个决定呢？

其实，乐视在 2016 年做了一个非常错误的判断，即公司可能很快就会盈利。如果这个判断是正确的，那么乐视的估值会进一步增加，同时融资能力也会进一步提高，从而可以为其他项目不断"输血"。但事实却是，即使到 2019 年三季度，作为视频领域的龙头之一爱奇艺也依旧亏损 78 亿人民币，而乐视即使并没有对外展开投资，而是一直专注主业发展，那时可能也不会产生利润，换句话说，公司管理层对于视频行业的预估过于乐观了。这就意味着 2017 年之后，乐视依然需要不断融资才能与竞争对手抗衡，但同期进行的其他项目也需要消耗资金，这就打破了原有商业模式中运转良好的融资结构，从而导致乐视在竞争中被对手碾压，遗憾的是，其他项目也陆续失败，在没有完全将优势转化为胜势之时就过快地破坏了原有的内护城河。这才有了后来乐视挪用了旗下易到用车的13亿资金，成了乐视帝国崩塌的导火索。通过分析我们可以看出，在一次次被破坏融资结构的过程中，这条内护城河已经在一步步地瓦解了。

不可忽视的交易护城河

企业的收益获取 = 交易价值 − 交易成本。要想持续获得收益，就要不断提升交易价值，同时降低交易成本（包括融资成本）。企业的外护城河就是通过无形资产、转换成本等要素来提升的交易价值，而企业的内护城河则是通过优化利益相关者的交易结构来降低交易成本，优化成本结构，提升商业模式效率。人们往往关注的是企业通过关键资源能力实现价值创造，构建起的第一道外护城河，却常常忽略企业在合作生态中，通过优化交易结构（包括融资结构）建立的第二道内护城河。

回到乐视的案例，我们可以看到，如图5-8所示，牌照的无形资产为企业构建了经济护城河，极大地提升了企业的交易价值，即消费者高度认同和优秀的经营数据，这是企业实现持续盈利的基础，也是捍卫企业自身的堡垒；用户增长带来的网络效应和生态构建的转换成本又进一步拓宽了经济护城河这条外护城河，极大地提升了交易价值，也创造了乐视的商业奇迹。但是如果只有交易价值行不行呢？长期来看是不行的，因为如果只有创造交易价值而没有守护交易价值，就无法保证企业的持续盈利。而如果销售数据上升无法覆盖成本上升，同样也无法带来持续盈利。这时候，就需要通过优化交易结构来构建第二条内护城河，这一条看不见的护城河是守护交易价值、确保企业持续盈利的关键。如果乐视能够持续地维持良好的融资结构，以确保合理成本结构，便可以与内部利益相关方保持一个很优质的交易结构，那么实现持续盈利或许并不是很困难的事情。而交易结构一旦被破坏，就会产生连锁反应，进而导致内护城河变窄，进一步导致外护城河逐渐变窄。如果乐视能够在飞速发展的同时持续关注那条看不见的经济护城河，或许就可以在商业史上书写另一个故事。

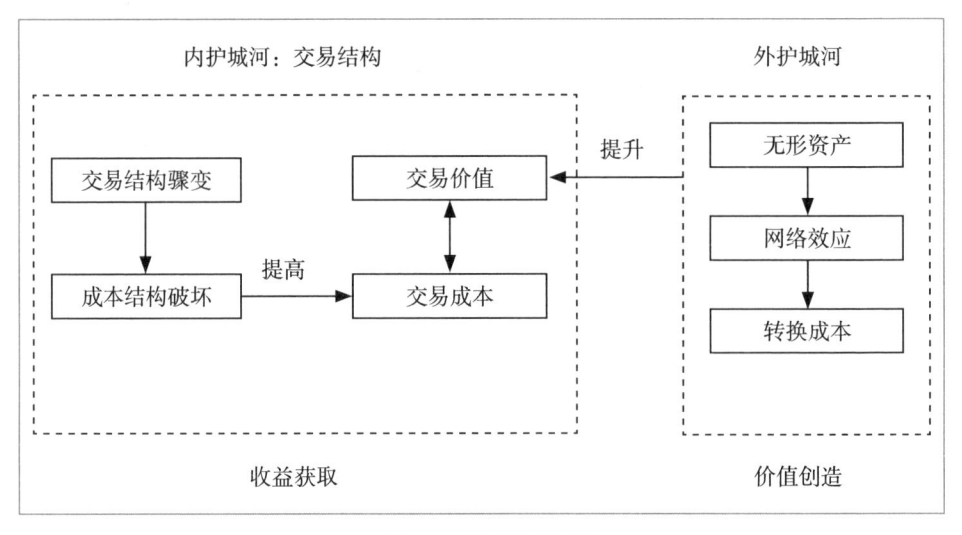

图 5-8 乐视的护城河

【案例 2】汇源果汁的交易护城河

2020 年 2 月 14 日，汇源果汁（01886）被取消上市地位。曾几何时，"有汇源才叫过年"。销售业绩不断下滑、负债百亿、高管离职、创始人四度被限制消费……汇源果汁的昔日风光早已不在。在不进则退的商业大潮中，曾经的"国民饮料"、伴随一代人记忆的汇源果汁为何如今到了如此境遇？它曾经拥有的宽广护城河又是如何变窄的呢？

一代国民果汁的"跌宕岁月"

作为曾经的国产果汁品牌代表,汇源果汁近年来的发展遭遇了不少挫折,一路以来,可谓跌宕起伏。

20 世纪 90 年代,在"下海经商"浪潮兴起之后,汇源果汁的创始人朱新礼放弃了村干部这一"铁饭碗",选择创业,主动承包了一个负债 1000 多万元、三年没发工资的罐头厂。工厂的第一批浓缩苹果汁生产出来之后,朱新礼只身一人带着样品去德国参加食品展。由于没有充足经费,请不起翻译的朱新礼只能请朋友找来在德留学生帮忙,而且为了尽可能地节省开销,他还在酒店用山东煎饼充饥。好在努力没有白费,他一举拿下了 500 万美元的订单。此后,汇源浓缩果汁相继出口到 30 多个国家和地区,公司也在北京建设了新厂房,斥巨资引进了 15 条国际领先的生产线。

1996 年,汇源集团更是以 7000 万元的价格中标 1997 年央视《新闻联播》5 秒标版广告权,靠着"天价广告"成功打响了品牌。

随后,汇源集团开启了扩大布局的道路:收购了 26 个大型果汁生产基地;2005 年,又与统一集团合资创办中国汇源果汁控股公司,借此充实了资金链,完善了营销网络。汇源果汁的高光时刻在 2007 年,很多人都还记得公司在香港上市时的盛况。那时的汇源果汁在港交所创下规模最大 IPO 纪录,上市当日大涨 66%,归属于上市公司股东的净利润达到 6.40 亿元。

上市之后的汇源果汁却陷入了争议。2008 年 9 月,可口可乐公司向当时风头正劲的汇源果汁提出总价约 179.2 亿港元的收购计划,但这场收购最终因涉嫌垄断而失败,汇源果汁失去了朱新礼口中"成为千亿级公司"的机会,同时也因为销售体系被砍而大伤元气。2009 年，汇源果汁的业绩首次出现亏损，净利润 –0.99 亿元，之后汇源果汁不断出手甩卖资产。其中，2012 年出售合营企业，入账 9000 万元；2013 年出售成都和上海的两个工厂，入账 6.5 亿元；2014 年至 2016 年，汇源果汁均有出售资产动作。此外，根据汇源果汁 2017 年中报显示，其总负债已超 110 亿，年利息支出占净利润的比重已高达 400%，高企的利息支出迅速使其盈利能力恶化。

三十年河东，三十年河西。如今汇源果汁的销量与同期的娃哈哈和农夫山泉早已不在一个量级。一代果汁大王朱新礼执掌汇源的时代落幕，负债百亿的国民品牌汇源果汁也没落到失去上市公司地位。一代国民果汁的未来，又将何去何从？

品牌无形资产：并未变窄的经济护城河

事实上，在消费者心中，汇源果汁的品牌并没有真正崩塌。市场监测和数据分析公司尼尔森（Nielsen）的数据显示，2018 年，汇源在 100% 果汁及中浓度果汁的市场份额依旧稳居业内第一。

汇源果汁在品牌塑造上是相当成功的，从一个平凡的县城到走向央视春晚，从一个不知名、濒临倒闭的罐头厂到"国民果汁"，它的品牌营销策略战打得相当漂亮。它的经典广告词"喝汇源果汁，走健康之路，妈妈选汇源，全家更健康"，人尽皆知。早在 1996 年，汇源就花天价买下了 1997 年央视《新闻联播》前短短 5 秒钟的广告权，之后又频繁出现在历年春晚的宣传中。在那个互联网尚在萌芽阶段、远没有如今影响力的年代，汇源公司通过央视"背书"，凭借在央视投放广告，产品获得了超高销量，并畅销全国，随即公司在各地布局设厂，跳进了快速发展周期，成了果汁饮料行业中的龙头。公开报道显示，2000 年，汇源果汁以 23% 的市场份额位居国内果汁产业榜首，当年实现收入 12 亿元；2001 年和 2002 年，汇源果汁的销售收入分别为 15.4 亿元、22.3 亿元，分别实现利润 2.5 亿元和 2.7 亿元，市场份额跃升至近 30%。由此可见，汇源果汁在品牌的护城河的打造上越拓越宽。

2008 年 9 月，可口可乐宣布以每股 12.20 港元、共计 179.20 亿港元全额收购汇源果汁。然而，命运跟汇源果汁开了个天大的玩笑：2009 年 3 月，这个收购案被国家商务部门叫停。虽然这次收购没有完成，但是从可口可乐的高额报价以及国家商务部的介入来看，足见无论是世界 500 强还是政府和民众，大家对其都高度认可。

虽然 2007 年在港交所上市后，汇源果汁在经营上遇到了各种各样的问题，但是在品牌打造上，公司依然不遗余力，紧跟着时代的步伐。这个当初以"喝汇源果汁，走健康之路"为大众所熟知的国民果汁，正在传统品牌的年轻化大潮中主动出击，寻求品牌形象的新一轮迭代。2016 年可以称得上是汇源果汁推进品牌年轻化战略的试水之年。年初借势 Papi 酱营销，一改公司传统的行事风格，令网友"出乎意料"。虽然最终与标王失之交臂，但公司借助这样的"反常"之举，颇为高调地开启了品牌革新之路。

紧随试水之年的发力，2017 年，汇源果汁加快年轻化推进步伐，与超级电影 IP《三生三世十里桃花》展开合作，并运用微代言、cosplay 直播、定制版产品等组合拳，产品销量实现同比增长 362% 的成绩。2018 年，汇源的品牌建设又有了新看点，除年轻化之外，公司开始着力于品牌高度的树立。元旦期间，汇源以"给世界的微信"系列海报登上美国时代广场，聚焦国内外目光。央视多个频道报道称，汇源果汁以"汇大国之源，享美好生活"的主题，彰显了中国品牌的魅力。随后，汇源相继斩获"2018中国（行业）十大影响力品牌""2018年中国TBV全面品牌价值管理大奖"以及IAI、金鼠标等品牌营销大奖。

然而，这并不意味着汇源果汁品牌年轻化建设的终结，更是新阶段的开始。在2019年春节的整合营销活动中，汇源以"指定饮品"身份亮相北京卫视春晚和元宵晚会，展开品牌与产品、线上与线下的全方位营销联动。通过创意口播、年货架、海报等多样形式，强化品牌与春节的情感联结，将"有汇源才叫过年"的品牌理念与北京卫视春晚阖家团圆、欢喜过年的主题气氛相融合。这种贴合主题的创意营销不仅深度诠释了汇源的品牌内核，而且也让北京卫视的春晚更具年味儿。2019年10月，汇源凭借案例"有汇源才叫过年——让BTV春晚更有年味儿"一举斩获"2019广告主奖·媒企合作案例奖·创新营销金案"和"北京卫视2019先锋合作品牌奖"。对于这个不年轻的品牌而言，品牌形象的塑造一直紧跟着时代的步伐，从没有落伍。

那么，又是什么原因导致了它的结局呢？回归生意的本质，我们发现好生意需要同时解决两个问题：价值的创造以及价值的获取和保护。价值的创造就是大家所说的护城河，即通过品牌、专利技术等提升交易价值。但是，如果价值的获取与保护问题没有得到解决，即没有形成收益获取，生意就很难成为好生意，甚至可能变成差生意。汇源果汁在价值创造环节做得非常好，而且还打造了卓越的品牌影响力，问题可能出现在价值获取和保护的环节上，也就是说企业的交易结构上出了问题。事实上，尽管从2009年到2016年，汇源果汁的营业收入规模从28.5亿元上升至57.6亿元，但在这八年的时间里，七年的扣非净利润都处于亏损状态，其中2014年、2015年出现连续两年亏损。也就是说，汇源果汁在另一条看不见的护城河——交易结构的设计上出了问题，崩塌的一直不是品牌作为无形资产的经济护城河，而是交易结构的交易护城河。

交易结构被破坏所产生的蝴蝶效应

汇源果汁衰落的种子在当可口可乐收购案被否之时就已经埋下了。我们来看一看当年汇源方面为什么想要促成这次收购。在汇源果汁2008年年报中我们可以看到公司对外宣传："尼尔森提供的数据显示，按销量计，我们于2008年在中国百分百果汁及中浓度果蔬汁市场所占的份额分别为42.1%和43.6%，继续稳占中国百分百果汁及中浓度果蔬汁市场的榜首地位。"可以说，汇源在浓缩果汁市场中已经是遥遥领先了，但是我们都知道浓缩果汁的市场规模和低浓度果汁饮料的规模是无法比拟的，而当年汇源在低浓度果汁市场中的占有率不足8%。对汇源果汁而言，一方面要面对来自股东的压力，当时公司的第二大股东是达能集团，而当时达能集团已经确定了自己的主业方向，急于将果汁这一非主营业务从板块中剔除；另一方面，汇源自己想要规避竞争激烈的果汁市场，切入上游原材料产业链，为此也已经长期有所布局。

在并购时，被并购方总是希望其资产能够尽可能地被高估，而我们看到在当年的并购案例中，可口可乐的出价并不便宜，收购价格是12.20港元，高于前五个交易日交易所每股的平均收市价4.04港元，溢价202%。从每股利润来说，溢价30倍通俗点说就是30年的利润通过这一次交易就实现了。汇源果汁在融资方面的能力一向突出，这一点从其先后与德隆和达能的合作中就可以看出来。这次可口可乐的出价如此之高，很重要的一个原因是汇源果汁根据可口可乐的需求，及时调整了其内部交易结构，一方面，砍掉了自己将近一半的员工和大半的销售人员，减少了本来对可口可乐并没有价值的费用投入；另一方面，可口可乐主要看中的是汇源果汁的生产能力，在2008年之前，可口可乐除了在武汉投资了 7 亿元建立了生产工厂之外，所有生产都选择了代工，这是因为建立一套运转良好的果汁生产体系需要相当长的时间，汇源果汁建厂需要三个季度，而国外公司则需要三年，所以直接购买汇源的生产线是可口可乐最明智的选择，为此汇源加大了对工厂的投资。

如果收购成功，那么上述的调整不会出现问题，母公司会专注上游原材料市场。但是收购案最终没有被批准，使得汇源在之前为了满足可口可乐收购需求所做的调整破坏了自身原有的内部护城河。我们从图 5-9 中可以看出，汇源果汁在准备被可口可乐收购之前，一直在有意控制销售费用支出，2006—2008 年三年的销售费用占比均值为 20%，2009 年为了支付辞退销售人员的遣散费用占应收比高达近 10%，这使销售费用同比大增 50%，而之后由于收购失败，汇源果汁不得不重新组建销售团队，重新构建渠道，2010 年之后销售费用随之不断上升。

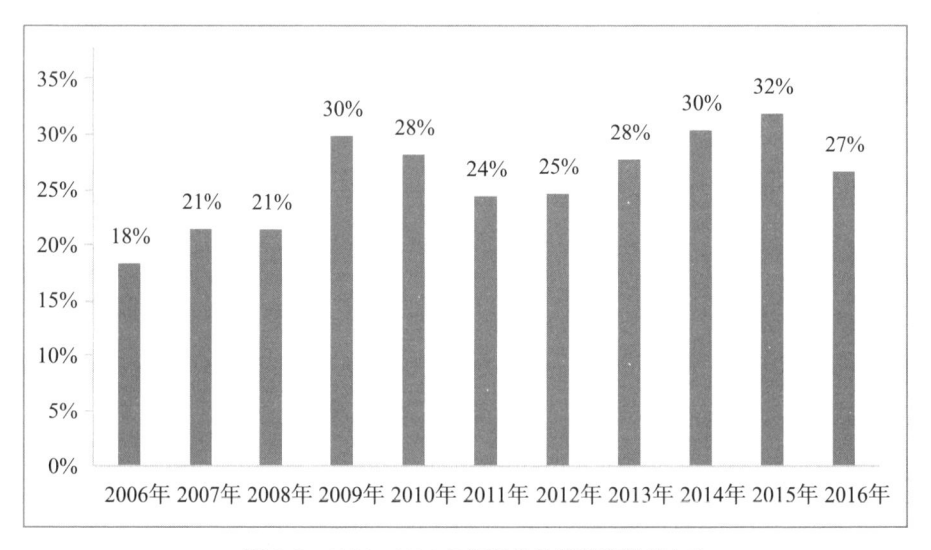

图 5-9　2006—2016 年汇源果汁的销售费用占比

数据来源：2006—2016 年汇源果汁的财务报告。

内护城河的作用是守护企业品牌资产，实现价值创造，确保企业持续的盈利，这一点在汇源果汁身上体现得非常明显。2013年7月，公司前任总裁朱新礼辞去CEO职务只担任公司的主席，公司聘请苏盈福为新任CEO，开始有秩序地重新构建渠道，组建营业团队，招募人员9000余人，同时并购三得利公司，寄希望于二者产品渠道协同效应增强。另外，公司从2014年开始执行深度分销策略，在全国建立超过1500家可补充传统经销商体系的营业所，并在2015年重新使销售收入快速增长，同比增长23.74%，达到56.82亿元（如图5-10所示）。要知道这样的成绩是在饮料行业整体销量下滑约1%的背景之下取得的。与此同时，2015年全年，汇源果汁的营业利润同比大幅增长94.19%，仅亏损0.18亿（如图5-11所示）。可以说公司在重新构建内部护城河来守护利润不久之后就取得了很好的反馈，公司的主业得到了一定程度的恢复，但是体系重建是一项非常困难的工作，要想恢复到重建之前的水平可以说是不可能的。

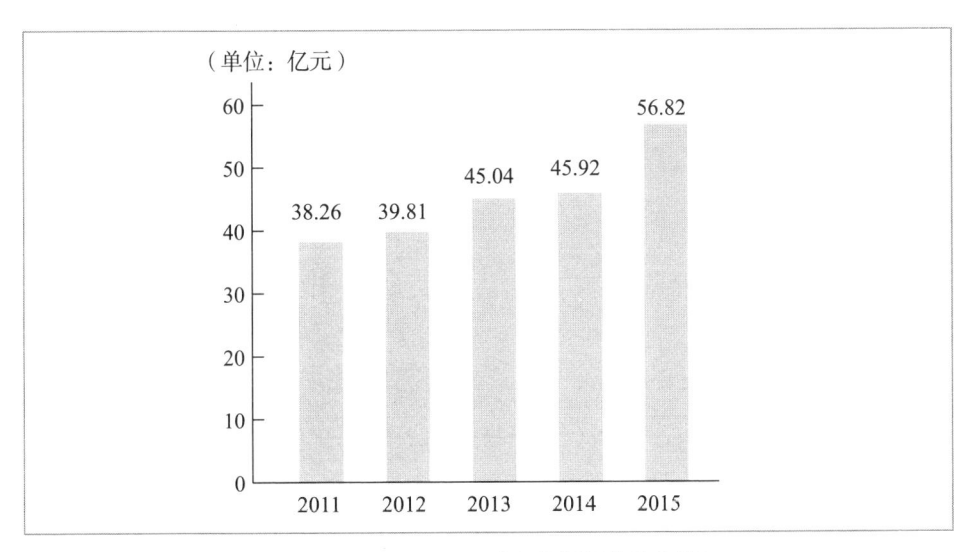

图5-10　2011—2015年汇源果汁的营业收入

数据来源：汇源果汁的财务报告。

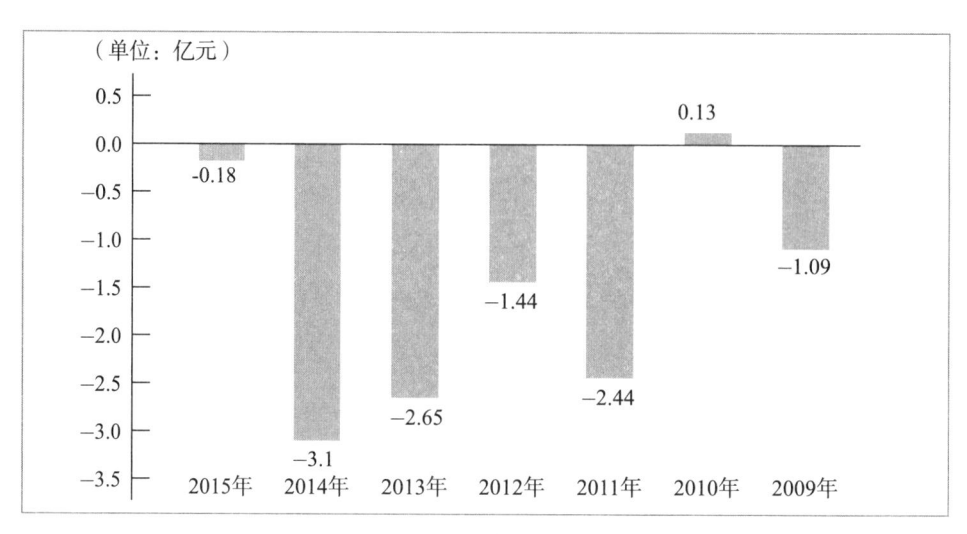

图 5-11　2009—2015 年汇源果汁的营业利润

数据来源：汇源果汁的财务报告。

由于低效资产导致交易结构失衡，因此这样的恢复并没能拯救汇源果汁。对原来的汇源果汁而言，稳定的成本结构同样是其守护利润的重要内部护城河，但是由于上文提及的其在可口可乐的收购中增加了大量的生产线投资，使公司的销售能力与市场能力出现了极度的不匹配，产生了大量的无法产生效益的固定成本。我们虽然无法获得其内部的成本结构数据，但是我们从公司的固定资产占比的变化可见端倪。如图 5-12 所示，2007 年，汇源果汁的固定资产占比为 42%，但到了 2013 年，该占比一路飙升至 73%。

为了提高估值，迎合可口可乐的需求，汇源果汁在 2008 年先后投资了 18 条加气果汁生产线，但许多生产线在安装后根本没有使用过。此外，在 2014 年，汇源投资超过 10 亿元，上马了十余条纯净水生产线。如图 5-13 所示，从 2009 年之后，公司用于厂房设备的资金不断增加，最高时高达近 70 亿元。

为了利用这些产能，公司甚至开始对外寻求代工业务。2012—2016 年，汇源果汁曾为加多宝、元气森林等知名品牌做过代工。

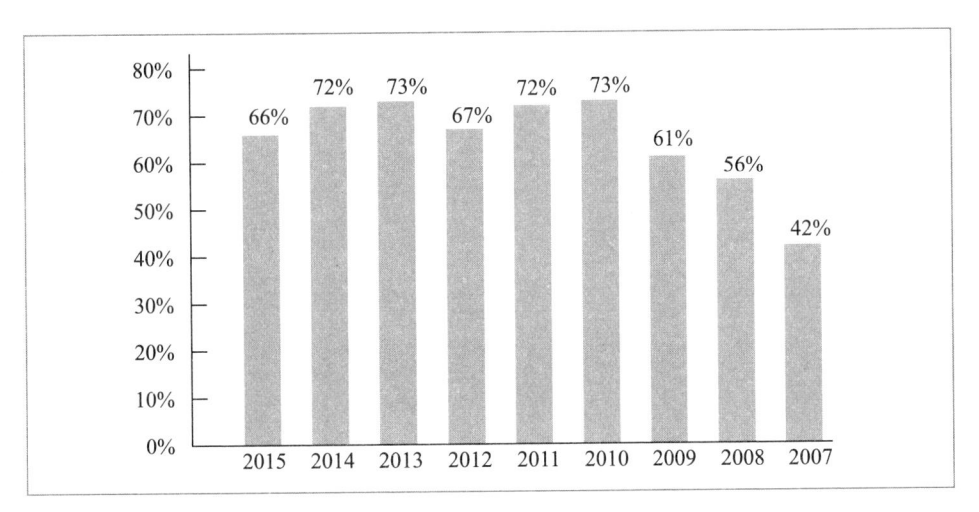

图 5-12　2007—2015 年汇源果汁的固定资产占比

数据来源：汇源果汁的财务报告。

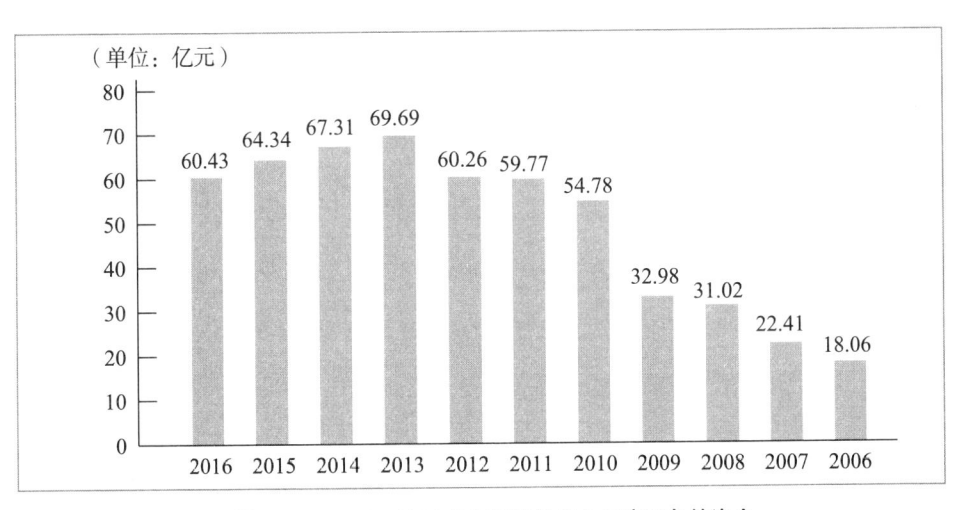

图 5-13　2006—2016 年汇源果汁投入厂房设备的资金

数据来源：汇源果汁的财务报告。

上市公司从母公司并购的厂房设备都有着极高的商誉，使得公司产生了大量待减值的无形资产。如图 5-14 所示，2013 年之前，公司的商誉和无形资产保持着稳定的水平，而在 2013 年之后商誉扩增仅近 10 倍，其背后就是上文所说的大量的厂房设备。

（单位：亿元）

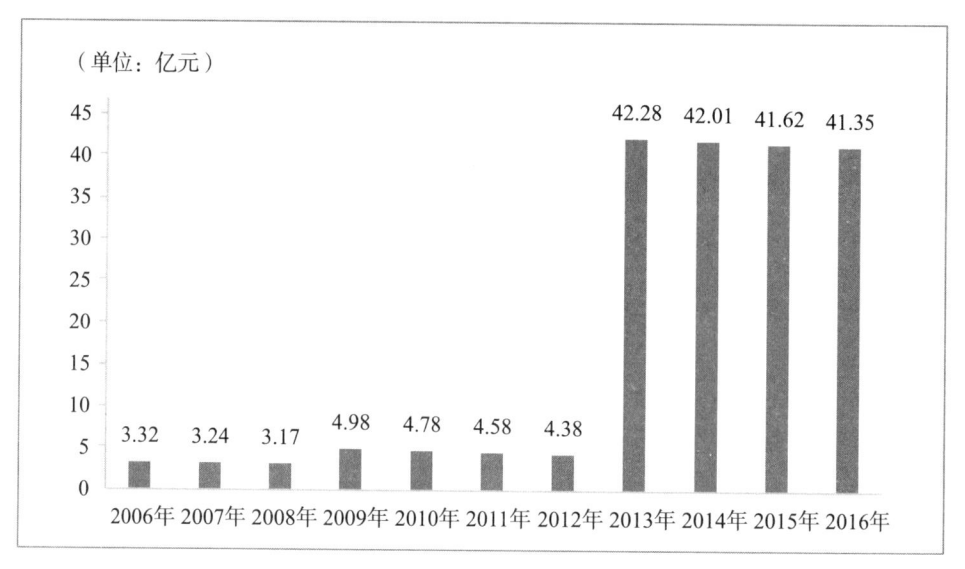

2006年	3.32
2007年	3.24
2008年	3.17
2009年	4.98
2010年	4.78
2011年	4.58
2012年	4.38
2013年	42.28
2014年	42.01
2015年	41.62
2016年	41.35

图 5-14　2006—2016 年汇源果汁的商誉和无形资产

数据来源：2006—2016 年汇源果汁的财务报告。

更致命的是，汇源果汁近 60 家工厂总体产能负荷不足四成。2014 年，汇源以 18.12 亿出售了集团的 9 家工厂，以减少固定资产相关的折旧摊销等财务成本，优化公司的负债结构。这 9 家工厂仅 2014 年就亏损了 4462 万元。虽然公司直到退市都没有计提这些商誉，但是其价值水分已经显而易见了。

这些资产一直都在母公司手里，之所以在这个时间并表，是因为上市公司的背后动机中很重要的一点是希望能够做大自己的资产和营业收入，来为母公司的解决一定负债压力。虽然我们无法知道其母公司的负债情况，但是我们从图5-15中可以看出，2010年并购案失败之后，上市公司的负债规模就在不断扩大，在退市之前的最后一份年报中，负债规模更是达到了99.95亿元。

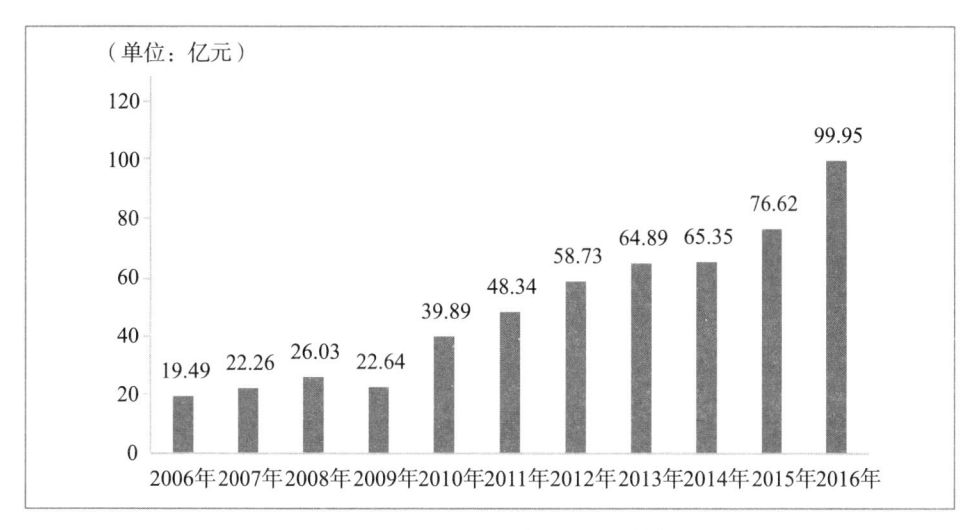

图 5-15　2006—2016 年汇源果汁的负债

数据来源：2006—2016 年汇源果汁的财务报告。

企业进行战略调整或者寻求被并购，这本身无可厚非，但是汇源果汁的问题在于，在并购并没有完全确定的情况下，大幅裁减销售队伍，增加厂房设备投资，破坏了公司的内部交易结构，导致守护企业价值创造的内护城河崩塌。同时，新投资的大量厂房设备产能和利用率不足，利息负担沉重，拖垮了自身的发展。因此，哪怕汇源果汁的品牌外护城河一直存在，营业收入上也一直未受太大的影响；但是，企业内部护城河的崩塌还是十分严重地蚕食了公司的利润，极大地影响了公司的盈利能力。

内外兼备，方能基业长青

汇源果汁的品牌依然强大，但收益获取却越来越不理想的案例给我们带来了以下几个启示。

首先，优秀的企业不仅要有护城河，而且要有两条护城河。企业必须兼顾价值创造和收益获取两个维度，一方面，发挥自身的关键资源能力，以提升交易价值；另一方面，企业应优化合作共生体的交易结构，以实现交易价值的保护和获取。汇源果汁最开始的成功在于品牌资产构建起了外护城河，同时通过由合理的交易结构形成的内护城河保护了交易价值，并形成了收益获取；而当公司摒弃这一交易结构时，哪怕交易价值没有降低，公司的收益也受到了极大的冲击。

其次，交易结构优化也能构建起企业的护城河。护城河是一家企业拥有的其他企业难以复制、别人难以撼动的优势，是企业建立起来的一种可持续的竞争优势，可以保护自己较长期地抵抗竞争对手的进攻，以源源不断地获取利润。在谈及护城河的时候，人们习惯性地想起品牌、技术专利等无形资产建立起来的交易价值外护城河，却很少有人看到通过交易结构优化构建起来的保护交易价值的内护城河。其实，内外护城河同样重要，外护城河是前提，能够让企业从众多的竞争者中脱颖而出，建立起独特的竞争优势；内护城河是关键，能够让企业有效地实现价值获取和保护，持续获取稳定的收益。而交易结构优化就是通过构造更大的独特价值空间、降低价值损耗和交易成本、提高交易效率，来获取和保护创造出来的价值。

最后，高效率的交易结构才是好的商业模式。商业模式效率=（交易价值－交易成本）/交易价值，因此，企业经营既要提升交易价值，也要降低交易成本，当交易价值高于交易成本时，企业才会享受到商业模式的红利。商业模式效率越高，企业价值越能实现持续提升。但是，如果交易价值实现了持续的增长，交易成本的增长速度却更快，导致商业模式效率下降甚至为负，那么交易结构构筑的第二条内护城河可能就会瓦解。

汇源果汁的两条护城河如图 5-16 所示。

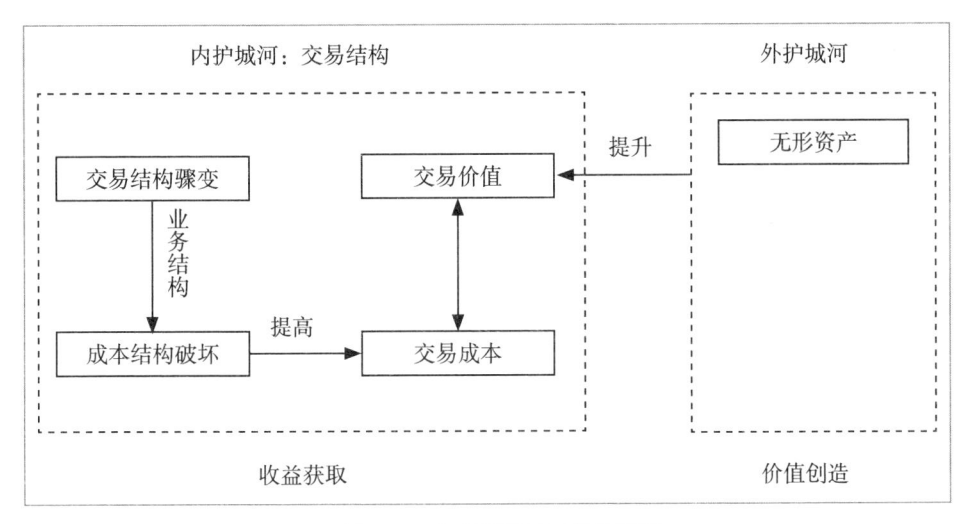

图 5-16　汇源果汁的两条护城河

后记

企业基业长青的秘密

所有能够基业长青的企业，都是因为它们能解决人类的某个问题，即任何事物的合理存在实为价值的既定存在。每一位管理者都希望自己的企业能够基业长青、永续经营，但现状是，相关公开数据显示，中国中小企业的平均寿命不足三年，能够存活五年以上的企业不超过7%，存活10年以上的企业不到2%。这说明绝大多数管理者并没有实现目标。那如何才能让企业活得更久，做到基业长青呢？那就要看能否实现企业的价值。从投资角度看，企业价值就是它未来所创造的现金现值。

影响企业价值的五个重要因素是企业在未来可能创造的现金流（增长率）、实现这些预测现金流的可能性（风险）、企业运作需要的投资额（资本回报率）以及企业置竞争对手于门外的时间（经济护城河）、企业持续实现收益获取的能力（交易护城河）。从时间的维度上看，企业要实现基业长青就必须做时间的朋友，而护城河是企业基业长青的守护神，企业必须构建自己的内外护城河，以持续守护企业价值，维持企业的结构性竞争优势。同时，我们也必须明白，护城河虽然是企业实现基业长青的重要因素，但不是充分条件。巴菲特也告诉我们，他寻找的是具有以下特质的企业：有保护性的雄伟的经济城堡、有宽阔且持久的护城河，而且还要有一位诚实的领主负责管理这座城堡。

企业构建护城河是为了能在漫漫岁月与纷繁变化中寻得一个不变的坚实基础，一家真正伟大的公司必须有一条坚固且持久的护城河来保护它的高投资回报，但资本主义"动力学"决定了竞争对手会不断进攻那些高回报的商业"城堡"，这时候就需要两条护城河持续抵御竞争对手的进攻。首先，企业要通过无形资产、转换成本、网络效应和成本优势来构建起经济护城河，这是企业提升和维持交易价值的基础，这让企业能够获取定价权，持续留存和拥有交易用户；其次，企业还要构建起交易护城河，优化与利益相关者的交易结构，通过成本结构优化、渠道结构优化和业务结构优化，可以实现交易优化，降低交易成本，提升交易效率。企业的这两条护城河，一里一外，一明一暗，共同筑起企业的结构性竞争优势，持续提升交易价值和降低交易成本，实现长期主义的收益获取。高瓴资本张磊认为，企业的"真正的护城河"是长期创造最大价值的，而且用最高效的方式和最低的成本创造最大价值。"长期创造"要依靠看得见的经济护城河，"高效的方式"和"最低的成本"要依靠看不见的交易护城河，这就是企业基业长青的秘密。

从时间的维度来看，一家公司能为自己、为股东创造多少价值取决于两个因素：一是该公司在当前创造的价值；二是该公司在未来很长时间内持续创造价值的能力。第一项因素已经被市场充分了解，投资者可以根据基本财务报表轻松计算得出；而第二个因素，也就是未来超额收益的大小和持续期是很难确定的，但它对长期的成功投资更为重要。

假设有三家公司，每一家都有着相似的投入资本回报率（ROIC）。能够把这种超额收益维持最长时间的公司将有能力为投资者创造最多的价值；优势期限最长的公司拥有最宽阔的护城河，是最大的价值创造者，这是上文提到的经济护城河和交易护城河实现持续超额收益的意义。

对投资者而言，在选择企业的时候，我们都知道要去选择有竞争优势的企业，也只有最具竞争优势的企业才值得我们一直长期投资。那么，在判断企业竞争优势的时候，什么样的企业才是值得我们长期坚定看好的，或者说拥有什么样护城河的公司，才是值得我们长期投资的？企业的每一步发展都将影响到护城河的宽窄、深浅变化，巴菲特也曾说过，尽管变化也有可能带来机遇，但也会侵蚀曾经强大无比的经济护城河。所以，在仔细地区分了真假护城河的同时，还需要时刻关注企业以及整个行业的变化趋势，迅速对护城河的变化做出相应的判断与反应，这样才能挑选到真正拥有"坚固"和"持久"护城河的企业。

然而实际上，人们往往关注的是企业通过关键资源能力实现价值创造，构建起的第一道外护城河，却常常忽略企业在合作生态中，通过优化交易结构建立的第二道内护城河。真正持续成功的企业都有两条护城河，第一条外护城河通过关键资源能力提升交易价值筑成；第二条内护城河通过与合作共生体优化交易结构、降低交易成本来实现价值保护，它们共同筑起企业的壁垒。

价值投资者一定要善于发现企业的护城河,尤其是发现看不见的交易护城河;同时一定要投资具有护城河的企业,这相当于买入一条持续不断的现金流,与企业做时间上的朋友,才能持续获得超额的收益,才能开出"时间的玫瑰"。